울퉁불퉁 상처받고 구멍 난
우리 아이 인성 길라잡이

명품엄마
명품자녀

신권일 지음

에듀지
에스피

울퉁불퉁 상처받고 구멍 난
우리 아이 인성 길라잡이

명품엄마
명품자녀

　어느 초등학교 여선생님이 퀴즈를 내주고 잘 풀어내는 팀에게
선물을 약속했다.
　그때 한 학생이 옆에 있는 친구에게 말을 했다.
　"선생님 돈 얼마 못 벌어"
　그러면서 무시하는 말과 함께 옆에 친구와 장난을 치고 있었다.

　이 이야기는 '1장 자녀 인성교육의 의미와 필요성'에서 발췌한
내용이며, 실제 학교 현장에서 있었던 이야기이다. 이 내용이 본
저자의 개인적 생각에서 비롯된 감정적 이야기라고 치부하기에는
왠지 씁쓸함을 남긴다.
　학교 인성교육 현장에서 여러 가지를 경험하다 보면 믿을 수 없
는 사실들을 듣거나 접하게 되는데, 또 한 번은 이런 일이 있었다.
　초등학생 4학년 셋과 교감선생님이 교무실에서 이야기하는 모
습을 보게 되었다. 그리고 바로 일어나면서 아이들은 나가고 교감
선생님은 한숨을 내쉬면서 본인이 서있는 앞으로 다가와 그동안
있었던 사연을 풀어놓기 시작했다.

　"세 명 여학생이 평상시에는 잘 지내다가도 뭔가 기분 나쁜 일
이 생기면 감정조절을 못하고 격하게 싸워요. 어떤 때는 돌을 던
지거나 연필로 상대방 친구에게 가해를 하는 행동을 해요."

　그러면서 교감선생님은 더 이상 손쓸 방법이 없다고 하소연을

했다.

　더 기가 막힌 것은 마지막에 그 학생들이 자리를 떠나면서 세 학생 중 하나가 이렇게 말을 했다고 한다.

　"진정성이 없어서 받아들일 수가 없어요. 사과를 안 받겠어요."

　교감 선생님이 그렇게 설득을 했음에도 불구하고 진정성이 없어서 못 받아들이겠다는 말에 이게 4학년의 생각에서 나왔다는 것인가라는 의구심과 함께 당황스럽기까지 했다.

　지금 학교에서 인성의 문제로 인하여 일어나고 있는 실제 현 주소이다. 이렇게 자신의 분노에 대하여 절제하지 못하거나, 상대방의 사과에 마음을 열고 수용할 수 없는 모습에서 우리 아이들 마음의 문제가 우려스러울 정도로 도를 넘고 있다.

　여기에는 여러 원인이 있겠지만 무엇보다 잘못된 훈육 방식으로 인한 상처와 학교 성적 우선주의가 지금의 인성 부재로 나타나게 된 것이라고 볼 수 있다.

　위에 사례들처럼 우리는 자녀들의 인성 부재로부터 인성교육에 대한 필요성을 인지하게 되었고, 그에 대한 실질적인 활용을 어떻게 해야 할까하는 간절한 바람으로부터 하나의 방법을 모색하게 되었으며, 그 문제를 해결할 수 있는 대안으로 '울퉁불퉁 상처받고 구멍 난 우리 아이 인성 길라잡이 명품엄마(아빠) 명품자녀'를 내놓게 된 것이다.

본 '명품엄마 명품자녀'의 내용은 자녀 인성교육의 필요성과 우리 아이들의 인성이 어떻게 만들어지고 어떠한 문제로 인해서 인성의 문제가 나타나게 되었는지를 이해하고, 그들의 마음을 공감하는 데 있어 꼭 필요한 내용을 다루고 있다. 기질과 성격의 관계를 통한 부모 훈육이 얼마나 중요한지 생각하고, 상처받은 아이와 부모가 어떻게 하면 건강하고, 수용성 있는 성품을 만들어 갈 수 있는지를 고민하고, 자각하여, 실생활에서 적용할 수 있도록 각 장별로 풀어내고 있다.

그리고 그 다음으로 자녀 일탈행동을 어떻게 하면 효과적으로 지도할 수 있는지 일탈행동 수정 및 훈육방법에 대한 내용을 실었다.

또한 '울퉁불퉁 상처받고 구멍 난 우리아이 인성 길라잡이 명품엄마 명품자녀'는 본 저자가 현장에서 직접 지도하면서 경험한 내용을 바탕으로 구성했기 때문에 효과성이 입증된 내용이라고 조심스럽게 말하고 싶다. 그래서 '명품엄마 명품자녀'가 좋은 부모로서 자녀에게 방향을 제시해 주는 지침서가 될 것이며, 자녀 인성교육의 길라잡이가 될 것이라는 것을 증명할 것이라 믿는다.

2017년 6월
신 권 일

❙ 목차 ❙

1장

자녀 인성의 문제점을 말하다

자녀 인성교육의 필요성을 알고,
올바른 사고관이 얼마나 중요한지 인식함으로써
의미있는 인성교육을 생각한다.

🌺 인성의 의미란?

인성이란?

인성을 정의 하는데 있어서 정확한 정의를 내리기에는 그 범위가 상당히 포괄적이라 할 수 있다. 그래서 인성을 한마디로 표현하기에는 그 의미가 여러 뜻을 함축적으로 내포하고 있기 때문에 의미상 개념정리를 하기가 어렵다. 이렇듯 인성이라는 의미에 대하여 개념화하는 것이 모호한 면이 있음에도 불구하고 인성에 대한 의미를 내려 본다면, 성격, 인품, 인간성, 심성 등을 비슷한 의미로 정의할 수 있다.

그리고 이에 대하여 유사한 의미를 가지고 심리학에서 그 의미를 찾아본다면, 프로이드는 인성의 개념을 개인의 원초아를 현실에 기반을 두고, 이성적 자아의 중재를 통해 도덕적 제약을 합리적으로 충족시켜 나가는 것을 인성이라 정의하고 있다.

이 내용을 설명하면 이렇다. 인간은 원초적 자아, 이성적 자아, 초자아가 있다. 그런데 사람들 중에 원초적 욕구를 죄악이라 생각하고 억누르는 사람이 있는가 하면, 이성적 자아가 원초적 욕구를 이해하고, 인정함으로써 그 욕구를 마음으로 만나주고 윤리적, 사회적 바람직성으로 바꾸고 승화하는데, 이것을 '프로이드'는 인성이라고 정의를 내린 것이다.

이로 미루어 볼 때, 인성이란 유전적으로 타고난 기질 위에 자신의 성격을 만들어 나가는 것을 인성이라 할 수 있다. 즉 기질은 전적으로 유전에 의하지만 성격은 주변 조건에 따라 달라질 수 있다. 다시 말해서 성격은 삶의 경험, 즉 성장기에 그 대상을 둘러싼 환경에 의해 결정되는 것이며, 자신이 경험한 세계 속에서 자아실현을 하는 것이다.

인성교육의 의미

인성교육이란 사람이 여러 가지의 환경과 주변의 관련된 것에 대하여 제각기 나름대로 반응하는 일관적인 행동의 구조와 특성을 통해 성품을 교육하는 것을 의미한다.

인성교육을 교육부에서는 '도덕성, 사회성, 정서'를 포함한 바람직한 인간으로서의 성품을 교육하는 것이 교육이라 정의한다. 결국 인성교육이란 인간성을 기르는 교육, 또는 인격을 함양하는 교육으로 해석할 수 있다.

인성교육의 목표

인성교육을 통하여 자녀들의 인성이 긍정적으로 변화되게 한다. 인성교육을 통하여 자아개념과 자아 존중감이 형성되고, 자아 정체감을 확립한다. 특히 부적응 자녀들에게 인성교육을 실시하여 자아개념과 자아 존중감이 형성되어 건강한 자아상으로 성장하게 한다. 이러한 인성교육의 과정과 결과의 극대화를 위해서 정서적인 문제를 해결할 수 있도록 상담과 이론을 적용, 건강한 자아상을 추구한다.

🌿 인성의 문제점과 그 필요성

문제점 찾기

물질만능의 문제점

2014년도 흥사단 투명사회운동본부 윤리연구센터가 서울, 경기, 인천 지역에 사는 초중고생 총 6000명을 대상으로 윤리의식을 조사한 결과를 보도한 내용이다.

"10억원이 생긴다면 죄를 짓고 1년 정도 감옥에 가도 괜찮다."

고교생 44%

중학생 28%

초등생 12%

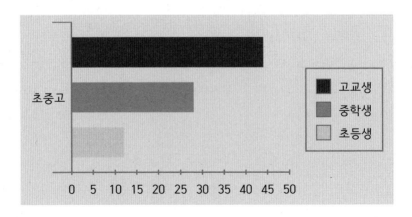

질문의 결과 고등학생의 44%가 죄를 짓고 1년 살겠다고 답했고, 중학생이 28% 초등학생이 12%로 나타났다.

이어서 2015년도 흥사단 투명사회운동본부 윤리연구센터가 9월부터 전국 초·중·고등학생 1만1000명을 대상으로 조사해 29일 발표한 '2015년 청소년 정직지수 조사 결과'에서 고교생의 56%는 "10억원이 생긴다면 죄를 짓고 1년 정도 교도소에 가도 괜찮다"고 응답했으며, 중학생은 39% 초등학생은 17%였다. 이처럼 학생들의 윤리의식이 심각한 수준에 도달했음을 보여주는 사례이다.

고교생 56%

중학생 39%

초등생 17%

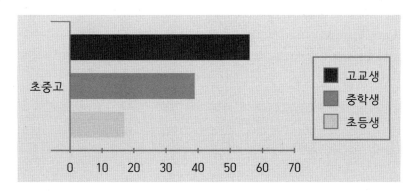

[출처] 조선닷컴에서 작성된 기사

100명 기준 신뢰성

다음 조사에서는 신뢰성에 대한 조사결과를 보여주고 있다. 이 조사결과 전문가들은 많은 사람들이 신뢰를 지키면 손해를 본다는 인식이 만연되었음을 말하고 있다. 그래서 다음과 같이 질문을 하였다.

"주변 대부분 사람을 믿을 수 있는가?"

우리나라 100명 중 26명이 신뢰한다. 스웨덴 100명 중 60명이 신뢰를 하며, 독일은 100명중 45명이 신뢰를 한다. 라고 답하였다는 것이다. 이렇게 수치를 통해 알 수 있는 것은 우리가 다른 국가보다 신뢰성이 현저히 떨어짐을 알 수 있다.

학교의 현실

어느 초등학교 여선생님이 문제를 내고 우승하는 팀에게 선물을 약속했다. 그런데 어느 한 학생이 이렇게 말을 하였다.

"선생님 돈 얼마 못 벌어."

그러면서 무시하는 말과 함께 옆에 친구와 장난을 치고 있었다는 것이다.

실제 있었던 이 이야기는 우리 부모들에게 씁쓸함을 느끼게 하는 것은 물론이고, 현재 우리 학생들의 사고와 가치관의 현 주소라고 할 수 있다.

사례)

초등학생 4학년 세 명과 교감선생님이 교무실에서 아이들과 이야기하는 모습을 보게 되었다. 그리고 바로 일어서면서 아이들은 나가고 교감선생님은 한숨을 내쉬면서 앞으로 다가 왔다.

"세 명 여학생이 평상시에는 잘 지내다가도 뭔가 기분 나쁜 일이 생기면 감정조절을 못하고 격하게 싸워요. 어떤 때는 돌을 던지거나 연필로 상대방 친구에게 가해를 하는 행동을 해요."

그러면서 교감선생님은 더 이상 손쓸 방법이 없다고 하소연을 했다.

마지막에 이 학생들이 자리를 떠나면서 더 기막힌 것은 세 학생 중 하나가 이렇게 말을 했다.

"진정성이 없어서 받아들일 수가 없어요. 사과를 안 받겠어요."라고 했다는 것이다.

지금 학교에서 인성의 문제로 인하여 여러 부작용들이 일어나고 있는 실제 현장의 모습이다. 분노에 대하여 절제하지 못하거나, 상대방의 사과에 마음을 열고 수용할 수 없는 모습에서 심리적인 문제가 여실히 드러나고 있다. 아마도 부모의 훈육 방식에 있어서 너무 엄하게 아이들을 대하지 않았는지 의심이 가는 부분이다. 부모가 아이들을 학대 수준으로 너무 엄하게 대하게 되면,

낮은 자아존중감이 형성되고, 자신과 타인에 대하여 너그럽지 못하며, 친구들과 원만한 관계를 맺는 일에서도 어려움을 보인다. 심할 경우에는 극한 분노와 공격성을 보이게 된다.

인성교육의 필요성

발달심리적 측면

인간의 발달 과정은 주변 자신에게 영향을 줄 수 있는 환경과 개체간의 상호 작용에 의하여 이루어지는 것이라 할 수 있다. 그렇기 때문에 인성은 주변 환경 또는 자신에게 관련 있는 배경을 통해 어떤 경험을 했는가에 따라 결정되는 것이다. 그리고 그 인성의 상황에 따라 도덕적, 윤리적 행위 및 생활양식의 수준도 결정된다.

개인적 측면

인간은 누구나 존엄과 가치를 가지고 있으며, 누구든지 행복할 권리가 있다. 인간은 사랑과 인정을 원한다. 그래서 인간은 다른 사람들이 나를 존중하고 인정해 줄 때 최대의 행복을 느끼게 되는 것이다. 따라서 다른 사람을 소중히 여기는 마음을 통해 상대방을 존중하고, 배려하는 인성이 필요하다.

정서적인 측면

앞에서 여러 문제점 중에 인성의 부재 곧, 자녀 훈육의 문제와 부모의 정서적 문제가 서로 관련됨으로써 심각한 사회문제로 대두된 것이라 볼 수 있다. 다시 말해서 지금 시대가 말하는 가치관의 혼란은 물질 만능이 가져온 문제점도 문제가 되겠지만 부모의 상처로 인해서 부모가 가지고 있는 심리적인 문제를 자녀에게 그대로 전가시켜서 학습되게 한 것이 심각한 문제를 초래하게 된 것이라 할 수 있다.

그 결과 선생님 또는 친구 사이에 관계의 어려움과 일탈적 행위를 보이기 시작한 것이다. 그래서 이러한 문제로부터 올바른 인성으로 이끌어 내기 위해서는 바른 양육방식 즉, 자녀 인성교육을 통해 정서적인 문제를 해결해야 한다.

2장

자녀 기질과 성격 그리고
뇌의 연관성이 인성을 만든다

인성과 기질의 연결성을 알아보고,
두뇌와 기질 사이에 서로 미치는 영향력은 어느 정도이며,
인성에 어떻게 영향을 미치는지 알아본다.
그리고 이러한 연결성을 통해서 좀 더 유익한 방향으로
내면의 여러 가지 문제 해결을 위한
최선의 방법을 찾는다.

🌿 기질과 성격의 연관성 알아가기

기질

기질(temperament)은 선천적으로 타고 난 것으로써 자신과 관련이 있는 배경이나 상황에 직면하게 되면 유아가 감정적으로 반응하는 방식을 말한다. 보통 기질은 유아기 이른 시기부터 드러나며, 부모와 자녀의 관계에 많은 영향을 끼치고, 이러한 관계형식이 성격 형성을 하는데 있어 많은 변수가 된다.

특히 성격 형성을 하는데 있어서 감정을 다루는 변연계가 큰 영향을 주는 것으로 알려져 있다. 그리고 이 변연계 중에서 편도체가 있는데, 편도체는 어떤 위험 상황에 놓이게 되면, 이에 대한 반응을 보여줌으로써 자신을 보호하게 하는 역할을 한다.

여기서 영유아들은 태어날 때부터 편도체의 민감도에 의해 편도체가 자극에 대한 반응이 다르게 나타나게 된다. 이때 어떤 아이는 작은 자극에도 민감하게 반응을 하고, 어떤 아이들은 큰 자극에도 별로 반응하지 않는 것을 볼 수 있는데, 이것은 편도체의 민감도가 어떤 방향으로 활성화 되느냐에 따라 유아의 기질을 결정하기 때문이다.(김영훈, 2013)

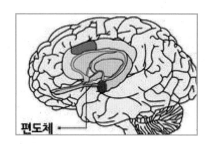

편도체 ←

기질의 양상

좌측 전두엽(좌뇌) : 순한 아이들이 대체적으로 좌뇌가 발달되어 있다. 좌뇌가 발달한 아이들은 리듬이 규칙적이다. 개방성, 외향성이 낮은 편이며, 익숙한 것을 선호하고, 소수의 인원과 어울리는 것을 좋아한다. 학교에서 잘 적응하고, 좌뇌형은 안정되고 자신의 생각이 있으면 이 것에 대하여 몰두하며, 외부 자극에 영향을 받지 않고 몰입하는 경향이 있다. 그리고 호기심이 많지않은 편이며, 자신의 감정 표현을 잘 하지 않는 편이다.

우측 전두엽(우뇌) : 두려움이 많고 예민한 아이는 부정적인 감정과 연결되어 있는 우뇌가 더 발달되어 있다. 이렇게 우측 이마엽이 발달한 아이는 편도체가 민감하게 반응한다고 볼 수 있다. 우뇌형은 부정적인 감정을 억누르지 못하게 되면 기질적으로 부정적인 감정에 빠지게 된다는 것이다. 이는 스트레스 호르몬인 코르티솔의 과잉분비를 가져오게 되고, 스트레스에 취약한 구조가 될 수 있음을 말한다. 까다로운 아이는 태어날 때부터 부정적인 감정을 조절하는 데 필수인 세로토닌에 차이가 있다는 것이다. 유전적으로 짧은 세로토닌 전달 유전자를 가진 아이는 자극에 반응성이 높아 까다로운 아이가 된다는 것이다.

측좌핵 : 순한기질과 까다로운 기질의 양면성이 나타나는 경우가 측좌핵의 영향에 의해 나타난다는 것을 발견하게 되었다. 겉보기에는 순한 아이로 보일 수 있지만 새로운 환경을 접하게 되면, 심하게 경계하고 위축되어 적응하는 데 오래 걸린다. 낯선 음식이나 물건 등을 회피하거나 부정적인 반응을 보일 정도로 까다로운 기질을 보인다.

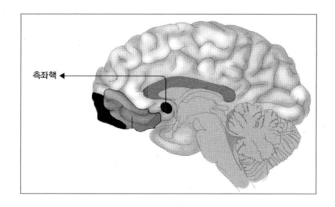

느린 아이들이 일부러 부모를 힘들게 한다거나 다른 아이들에 비하여 떨어져서 그런 것이라 생각할 수 있는데, 사실은 느린 기질을 가지고 있는 아이의 뇌는 일에 대한 의욕을 불러일으키는 측좌핵의 활성도가 낮기 때문이다. 전체 아이들 중 15% 정도가 이

렇게 느린 기질을 가지고 있다. 보통 느린 기질의 아이들은 신중
해서 익숙해지기까지 시간이 걸리지만 이런 과정을 거치고 난 이
후 일정한 수준까지 죽 올라간다는 것이다.(김영훈, 2013)

🌿 기질과 뇌의 연관성 알아가기

기질의 결정

기질은 뇌의 어느 영역이 어떻게 활성화되었는지, 특정 신경전달 물질이 어떻게 분비되는가에 따라 영향을 받고, 결정된다는 것을 기질을 연구하는 학자들이 밝히고 있다. 이렇듯 좌뇌가 더 활성화 되었는지 아니면 우뇌가 활성화되었는지, 편도체가 민감하거나 또는 민감하지 않든지, 이러한 부분들이 대체적으로 부모로부터 유전된 것이라고 보았다. 그래서 아이는 태어날 때부터 부모에게 기질을 물려받고, 그 기질에 의해서 성격을 형성한다는 것을 말하고 있다.(김영훈, 2013)

제롬 케이건

500명의 아이들을 영아에서부터 청년까지 약 20년 동안 기질이 어떻게 변하는지를 관찰했다. 세 살 미만의 아이들 같은 경우에 약20%는 낯선 사람이 다가오자 뚜렷한 반응을 보였다고 한다.

그리고 약 40% 정도의 아이들은 가만히 앉아 있거나 그렇게 까지 불안해하지 않아 했으며, 울지 않았고, 수줍음을 타지 않았고 한다.

그 이후에 똑같은 방법으로 아이들이 유치원에 들어간 시점에 방문하여 아이들의 수업 시간에 어떤 행동을 하는지 조사를 했다.

20%에 포함되었던 아이들은 떠들고 있을 때, 교사가 아이들에게 떠들지 말라는 말을 전달하자 아이들이 떠들지 않는 모습을 보이거나 규제를 따르며 눈치를 보고, 뒤에 있는 연구원에 대하여 경계하는 모습을 보였다고 한다.

반면에 40%의 아이들은 적극적으로 발표에 참여했고, 교사의 규제와는 상관없이 소리를 지르고, 절반 이상은 연구원 곁으로 다가왔다. 또한 이 아이들은 적극적으로 발표에 참여했고, 교사의 규제와는 상관없이 소리를 지르고, 절반 이상은 연구원 곁으로 다가왔다.

이러한 연구 결과를 보고 제롬 케이건 박사는 어린 시절 수줍음 타던 아이를 내성적인 기질이라 했고, 수줍음을 타지 않던 아이들을 외향적인 기질이라 명명한다. 내성적인 아이는 활성도가 높은 편도체를 가지고 태어났기 때문에 보통의 아이들보다 더 많은 공포반응을 보였고, 외향적인 아이들은 편도체가 예민하지 않아 호기심과 에너지를 발산하며, 위험을 무릅쓰면서 모험을 하고자 하는 성향이 있다는 것을 밝히게 되었다. 제롬 케이건 박사의 20여 년에 걸친 종단적인 기질 연구에서 밝히듯이 사람은 태어날 때부터 타고난 기질에 의하여 성인이 되어서도 같은 기질에 의해 성격이 나타난다는 것을 증명하였다.(김영훈,2013)

🌿 성격과 뇌의 연관성 알아가기

성격이 결정되는 과정

앞의 내용을 연결해보면 사람의 성격이 결정되는데 있어서 기질이 상당 부분 큰 역할을 한다는 것을 알 수 있다. 이 기질은 유전에 의해 결정되며, 성격은 유전적인 기질과 환경이 서로 영향을 주고받으면서 형성된다는 것을 알 수 있다.

성격은 기질과는 다른 뇌의 부분에서 조절되는데, 성격은 뇌의 전체 영역, 특히 앞쪽의 전전두엽이 관여한다. 그리고 이 전전두엽이 발달하는데 긴 시간이 걸린다는 것을 알 수 있으며, 성격도 이러한 이유 때문에 오랜 시간에 걸쳐 형성된다는 것이다. 이 시기 청소년기를 지나면서 고등학교 3학년을 전후로 전전두엽이 정상적인 기능을 할 수 있게 된다.

전전두엽이 제 역할을 하기까지 부모는 아이의 특성을 이해하고 격려와 칭찬, 공감을 해야 하는 이유가 여기에 있는 것이다. 아이의 기질을 알고, 그 아이가 왜 힘든 상황을 연출하는지 알아차리게 되면, 그 아이의 기질을 받아들이게 되면서 아이의 성격을 형성하는데 결정적인 역할을 하게 된다. 만약에 아이의 기질을 존중하지 않거나 수용하지 않고 부모가 아이의 생각과는 다르게 자기 마음대로 기준을 정해놓고, 자기 자녀를 자기 뜻대로 밀어붙이게 되면 문제행동이 나타날 수 있다. 이런 부모 밑에서 성장하게 되면, 부모를 만족시키지 못했다는 생각 때문에 아이는 죄의식을 느낄 수 있고, 자존감이 떨어져서 열등감이 생기거나 수치심으로 어려움을 겪을 수도 있다. 이렇게 성장한 자녀는 피해의식으로 인하여 자기 입장에서 생각하고, 왜곡하거나 말을 하지 않으며, 공격적이고 산만한 행동을 보이기도 한다.(김영훈, 2013)

긍정심

우리 두뇌에는 거울뉴런이 있다. 이 거울뉴런은 어떤 특정 동작을 하거나 다른 일반적인 동작을 보기도 하고, 소리를 들을 때 활성화되는 뉴런을 거울뉴런이고 한다.

부모나 다른 가까운 대상이 크게 웃으면, 아이의 전두엽에 있는 전운동피질과 두정엽, 측두엽에 분포하고 있는 거울뉴런이 서로 상호작용하여 순간적으로 아이를 웃게 만든다. 이렇듯 부모가 긍정적인 마음으로 아이를 키우고 적극적으로 행동하면 아이가 거울뉴런을 통해 부모를 흉내 내는 것이며, 이 거울뉴런은 이러한 과정으로 긍정심을 갖게 하고, 적극적인 아이가 되게 한다. 이렇게 생긴 긍정심은 자존감의 기초공사라고 할 정도로 상당히 중요한 부분을 차지하게 된다.

이렇게 형성된 자존감은 아이가 행동을 하고 환경에 반응하고 적응하면서 반복을 통해 만들어 진다는 것을 의미하는 것이다.

여기서 눈여겨 볼 부분은 거울뉴런과 긍정심이 어떤 연관성이 있는지를 이해하는 것이며, 그 긍정심은 자존감에 기초공사라고 할 정도로 커다란 영향을 끼친다는 것이다. 이렇게 자존감이 만들어지게 되고, 그 자존감이 세로토닌을 분비할 수 있도록 촉진시키는 역할을 하게 된다. 그리고 이 세로토닌은 분비가 증가 될수록 집중력을 높여 주는 것과 신경줄기 세포의 생성을 촉진시킨다는 것이다.(김영훈, 2012)

3장

인성은 신경전달물질의
영향을 받는다

신경전달물질인 호르몬이 뇌에 어떤 영향을 미치는지 알아보고,
인성과 신경전달물질의 연관성을 통한 인성 형성에
어느 정도까지 관여하는지 탐구한다.

🌿 뇌와 신경전달물질의 관계

신경전달물질

신경전달물질이란 뇌와 체내의 신경세포에서 인접해 있는 신경세포 등에 정보를 전달하는 물질을 말하는 것이다. 특히 뇌세포와 뇌세포 사이를 연결하는 시냅스의 정보 전달은 1,000분의 1초 또는 1000분의 2초 정도 걸려 일어나며, 이 시냅스를 따라 빠르게 정보를 전달하는 물질을 신경전달물질이라고 한다. 그리고 신경전달물질에는 정서와 공부에 관련된 신경전달물질이 있는데, 노르에피네프린, 세로토닌, 엔도르핀, 아세틸콜린, 도파민 등이 이에 속한다.(한국학교폭력상담협회 & 한국전문상담학회 편, 2015)

노르에피네프린의 집중력과 우울

노르에피네프린은 말초신경계와 중추신경계 모두에서 발견된다. 이 신경전달물질은 교감신경의 신경전달물질로 사용된다. 이것은 경계나 각성, 기분상태, 수면 등을 조절하는데 관여하고 있다.(현성용 외 17명, 2015)

이 신경전달물질은 긴장하거나 스트레스를 받으면 생기는 호르몬이다. 아이가 긴장하거나 스트레스를 받으면 처음에는 뇌가 맑

아지고 집중력이 생기는데 아이의 학업성취도를 높여주고 순발력 있게 행동하도록 돕는다.

노르에피네프린은 극복할 수 있는 일시적 스트레스 상황에서 집중력을 높이고 삶의 활력을 준다. 그래서 약간의 스트레스는 오히려 학업성취도를 높이는 것이다.

노르에피네프린이 과도하게 분비되었을 때는 화, 두통, 심장의 두근거림, 식은땀, 호흡곤란이 올 수 있으며, 나중에는 질식하거나 경련을 일으키기도 한다.

종합적으로 볼 때, 노르에피네프린은 집중력이나 경계에서 중요하다는 것을 알 수 있다. 노르에피네프린은 집중력을 높이는데 있어 일정한 부분을 차지하고 있다. 노르에피네프린이 대뇌겉질의 활동을 전체적으로 높아지게 함으로써 외부의 정보를 신속하게 처리할 수 있도록 한다.(김영훈, 2012)

그리고 노르에피네프린의 분비가 정상적인 수준보다 떨어지게 되면 우울증상이 나타나며, 심할 경우에는 우울증을 겪게 된다.(현성용 외 17명, 2015)

정서적 안정을 주는 세로토닌

정서에 깊이 관여하는 신경전달물질인데, 수면이나 기억, 식욕 조절 등에 관여하고 있으며, 아이에게 생기와 활력을 불어넣어 주는 역할도 한다. 이 호르몬은 행복감을 느끼게 하며, 뇌에 세로토닌이 부족하게 되면 우울증을 앓을 수가 있다. 세로토닌이 유발하는 감정은 폭발적인 기쁨보다는 여유로운 행복에 가깝다고 할 수 있다.

세로토닌은 감정을 가라앉혀주는 기능을 하는데, 무엇보다 세로토닌이 가지고 있는 기능은 공격성에 영향을 미치는 노르에피네프린을 조절해 주고, 중독성이 있는 도파민의 과잉 분비를 조절한다.

세로토닌이 부족한 아이는 쉽게 공격적이거나 흥분에 빠지기 쉽다. 세로토닌이 충분히 분비가 되면, 자기가 느끼고 있는 감정을 잘 관리할 수 있게 조절할 수 있는 능력이 생긴다. 또한 자기감정을 관리한다는 것은 그만큼 집중력도 좋아진다는 것을 알 수 있다.

세로토닌을 만드는 방법은 햇빛을 받거나 충분한 수면을 취하거나 철 결핍성 빈혈이 없으면 높아진다. 세로토닌은 어느 정도 과잉으로 분비되면 반대물질이 나와 주기 때문에 항상성을 유지할 수 있다.(김영훈, 2012)

학습하고 싶은 동기를 불러일으키는 엔돌핀

머릿속의 모르핀이라 할 정도로 쾌감을 유발하는 호르몬 중에 대표적인 것이 엔돌핀이다. 엔돌핀은 기분만 좋게 만드는 것이 아니고, 면역력도 높여준다는 연구결과가 있다. 이 엔돌핀은 자선행위와 같은 차원 높은 행위를 할 때에 엔돌핀이 더 많이 분비되어 상당한 쾌감을 느끼게 한다. 뇌과학자들은 자선활동이나 사회적으로 도움이 되는 행위를 하게 되면, 뇌의 쾌감중추가 자극을 받아 기쁨을 느끼게 된다는 사실을 밝혀냈다.

실제로 사회적 협력을 유발하는 게임을 하는 동안 FMRI(기능성뇌자기공명)를 이용해서 뇌의 활성도를 측정한 실험이 있는데, 이 실험에서 측좌핵과 이마엽 등 쾌감을 유발하는 보상의 뇌가 활성화되었다는 것을 증명한다. 이렇듯 이타성이나 상호협력을 하는 행위는 쾌감을 일으키기 때문에 사람들은 이런 행동을 더욱 반복하게 된다는 것이다.

그리고 웃음을 통해서 밝혀낸 것은 웃음이 여러 긴장에서 벗어날 수 있게 하고, 엔돌핀을 높임으로써 쾌감을 맛보게 한다. 그리고 엔돌핀은 스트레스 상황에서 통증을 감소시키는 기능과 대응행동을 증가시킨다. 예를 들자면 어떤 격렬한 운동을 했을 경우, 이것은 엔돌핀이 방출될 정도의 스트레스가 되는데, 이렇게 스트레스가 될 정도의 운동이 엔돌핀을 분비하게 하며, 이 엔돌핀의 증가가 통증을 감소시키고, 쾌감을 느끼게 한다는 것이다.(현성용 외 17명, 2015)

기억력을 높이는 아세틸콜린

아세틸콜린은 운동신경과 말초신경계와 뇌의 여러 영역에서 신경전달물질로 사용된다.(현성용 외 17명, 2015)

자율신경이 흥분하게 되면 교감신경에 노르에프네프린이 작용하고, 부교감신경에서는 아세틸콜린이 작용한다. 부교감신경의 아세틸콜린의 작용은 국소적이고 지속시간이 짧다는 것이 문제가 될 수 있지만, 이 아세틸콜린을 만드는 뇌의 부위는 해마와 시냅스로 연결되어 있는데, 이 아세틸콜린이 다량으로 있으면, 해마가 활성화되어 기억력이 좋아진다.

여기서 아세트콜린의 성분인 콜린이 들어 있는 음식으로는 콩, 두부, 달걀 등이 있다. 특히 콩과 달걀은 레시틴을 다량 함유하고 있는데, 레시틴은 아세틸콜린을 뇌에 들어갈 수 있도록 연결해서 기억력을 높이게 하는 성분이다. 또한 계란에는 콜린이 많은데, 이 콜린이 기억력을 높일 수 있도록 돕는다. (김영훈, 2012)

창의력을 높이는 장점과 중독성을 갖고 있는 도파민

쾌락의 물질이라고 하는 도파민은 새로운 것을 좋아하고, 분비가 활발하면 집중력을 높여주는 역할을 한다. 그래서 도파민은 탐구력이 생기는데 도움이 되며, 창의력을 높여 주기도 한다. 무엇보다 도파민은 어떤 경험을 했을 때, 그 경험이 유쾌한 경험이었다면 뇌는 그것을 감지하여 도파민을 분비한다. 이런 원리를 통해서 유쾌한 감정의 유지가 학습이었다면 그 학습을 계속 지속하려고 한다.

그런데 도파민이 처음 분비되었을 때의 기쁨 상태를 유지하려면, 계속해서 새로운 자극을 주어야 한다. 자기 수준의 것보다 좀 더 높은 단계를 만들어야 하며, 이런 상태를 유지해야만 도파민은 그것에 맞춰서 분비하게 된다. 또한 자신이 성취하고자 했던 일에 대하여 성공하게 되면, 자기 스스로 이룩한 일에 만족함으로써 더욱 많은 도파민을 분비하게 된다.

하지만 도파민은 반대물질이 없기 때문에 항상성을 유지할 수 있는 물질이 없다는 게 문제다. 이렇게 되면 도파민을 억제할 수가 없기 때문에 도파민 중독 현상이 일어나게 된다.

이처럼 도파민의 단점은 도파민을 억제할 수 있는 신경전달물질이 없기 때문에 쉽게 중독된다는 데에 문제가 있다. 도파민은 한번 쾌감을 느끼게 되면, 좀 더 자극적인 대상을 생각하게 된다. 같은 내용이 계속해서 반복이 되면, 도파민이 줄어들게 되면서 흥미를 잃게 되고, 기분이 나빠지거나 우울 증상이 나타나거나 허전한 마음을 갖게 되어 더 강한 자극을 찾게 된다.

즉, 이런 상황에서 더 강한 도파민을 찾는 다는 것은 더 강한 쾌락이나 흥분감을 느끼기 위해 새로운 것을 찾게 된다. 이러한 문제를 예로 들어보자면, 게임에 중독된 사람이 가장 적당한 예가 될 것이다. 그들은 게임을 시작하면서 상당한 쾌감을 느낀다. 하지만 시간이 지나면서 도파민의 양이 줄어들기 시작한다. 이미 시시해진 게임은 그전에 느꼈던 쾌감을 주지 못한다. 그러다보면 더한 자극을 주는 게임을 찾게 되고, 점점 도파민의 분비되는 양이 많아지게 된다. 이런 상태를 계속 유지하게 되면 바로 인터넷 게임 중독이 되어 가는 것이다.

4장

인지적 자아상태는 인성을 좌우한다

부정적 자아상, 거절감, 열등감, 완벽주의, 불안을 이해하고,
다섯 가지 인지적 문제를 잘 이해했을 때,
상대방의 문제를 알고, 도움을 줄 수 있는 수준까지
접근하는 것을 목표로 한다.

🌿 부정적 자아상을 긍정적 자아상으로 바꾸기

부정적 자아상

부정적 자아상이란 자신과 타자에 대하여 객관적이며, 긍정적으로 보고 해석 및 평가를 내리는 것이 아니라 부정적 감정으로 해석하여 자기 자신을 부족한 자라고 비하 하거나 다른 주변의 환경을 통해 부정적 해석을 내린다.

부정적 감정들은 자신에 대하여 혐오스럽다고 생각하고 자기를 증오하며, 자기패배적인 행동에 의해 만들어진 감정이라 할 수 있다.

부정적인 자아상을 가지고 있는 사람은 자신에 대하여 비관적으로 생각하거나 다른 사람들이 자신을 좋아하지 않을 것이라고 생각한다. 그래서 주변의 관계를 맺고 있는 사람들이 자신을 거부할 것이라고 생각하는 경향이 있다. 부정적 자아상의 사람들은 스스로가 사람들에게 기대한 만큼 부응하지 못할 것이라 생각하면서 먼저 경계를 정하고, 자신이 실패할 것이라는 부정적 생각을 하게 된다. 또한 현재 이 행복은 다시 불행한 미래가 될 것이라는 부정적인 마음을 갖는다. 이렇듯 부정적 자아상은 주변 사람들과 관계를 긍정적으로 유지하는 것이 어렵고, 세상과 자신에게 놓여 있는 환경에 대하여 바라보는 관점이 부정적이다. 결국 부정적 자아상은 여러 가지 관계 속에서 악순환을 반복하고, 이러한 사람들은 상담과정에서도 상당히 어려움을 겪게 되는 경우가 많다.(심수명, 2008)

증상

부정적 자아상은 자신이 언제나 부족하다고 생각하며, 자기 자신을 비하하고, 가치 없는 사람이라고 여기고, 자신에 대하여 실망하거나 싫어하고 부정한다.

부정적 자아상의 사람들은 자기 자신에 대하여 싫어하기 때문에 다른 사람이기를 바란다. 부정적 자아상을 가지고 있는 사람들은 자신의 살아온 과정과 그러한 삶이 상처로 남아 삶을 살아가는 것 자체가 고통스럽고, 상처로 인해서 여전히 살아가는 것 자체가 힘들어 다른 사람이 되기를 바란다.

그들은 죄책감 때문에 힘든 시간을 보낸다. 어린 시절 원가족 가운데, 특히 부모님에게 책망과 강압적 훈육을 심하게 받을 경우 부정적 자아상을 갖게 된다. 자기 자신이 무가치하다는 것을 피하기 위해서 여러 가지 시도하게 되는데, 이들은 약물을 통해서 고통을 감추려고 하고, 운동을 심하게 하거나, 먹는 것을 탐닉한다든지, 종교에 심취한다.

부정적 자아상을 가지고 있는 사람들은 쉽게 포기하고, 어느 순간 문득 자신이 실패를 할 것이라고 생각한다. 이들은 자신이 무

가치하다고 생각하고, 반복된 좌절의 경험은 자신이 늘 실패할 것이라고 생각하게 되는 것이다.

다른 사람들과 좋은 관계를 유지하거나 사랑을 받을 때도 그들은 이런 관심과 사랑을 받을 수 있지만 이것도 한때 받는 것이라고 생각하고, 언젠가는 그들도 나를 떠날 것이라고 생각한다.

부정적 자아상은 사람들에게 인정받기 위해서 애를 쓰고, 성취 지향적인 모습을 가지고 있어서 주변과 조화를 이루는데 실패하는 경우가 많다. 그들은 인정받는 일에 급급해 하고, 무엇인가 목표한 일에 대하여 성취하려는 자세를 취하지만 목표한 것을 성취하고도 만족하지 못하고, 끊임없이 인정에 목말라 한다.

부정적 자아상은 기준이나 규칙에 신경을 쓰고, 기계적인 정확성을 요구하는 모습을 보인다. 부정적 자아상의 사람들은 어릴 적 가까운 사람에 의해 일의 과정을 통한 격려보다 결과에 치중한 칭찬이나 보상 등에 의해 학습되었던 성장과정이 있는 경우 나타나게 된다. 그래서 이들은 자신에게 영향을 끼치는 타인의 생각에 따라 기준이 만들어지고, 척도가 될 수 있다.

부정적 자아상은 자기 자신이 항상 좋은 사람이 되어야 한다고 생각한다. 그래서 부정적 자아상의 사람들은 좋은 사람 노릇을 한다. 여기서 좋은 사람 노릇도 사람들로부터 인정을 받기 위한 행동이라 볼 수 있다. 그래서 그들은 모든 사람들로부터 인정을 받기 위해서 자신의 소신을 주장하기 보다는 상대방 의견을 무조건적으로 지지한다. 또한 자기 소신을 보이면 주변 관계있는 사람들에게 외면당할지 모른다는 걱정과 이로 인해서 버려지고 고독하기보다 상대의 의견에 맞춰서 좋은 사람이 되는 것이 더 편하다고 생각한다.(심수명, 2008)

부정적 자아상의 원인

부정적 자아상의 원인은 보통 만 5세 이전 어린 시절 부모와의 관계에서 부적절한 애착 형성 및 잘못된 훈육 방식에서 비롯되었다는 것이 주 견해이다. 애착관계가 형성되면 그 안에서 여러 가지 정서적인 체험을 하게 되는데, 이 정서적인 체험은 자기가치의식의 기초가 된다. 그런데 부모가 자녀 양육하는 방식 중에 부정적인 양육태도를 보이면, 강압형, 과잉보호형, 완벽주의형, 무절제형, 체벌형, 방치형 등 부정적 자아상의 모습을 나타낸다.

강압형 : 강압형의 부모로부터 영향을 받아 반복된 학습을 하게 되면 강압형이 된다. 이 유형은 압력에 쉽게 굴복하며, 생각과 정서에 있어서 일관성이 없다.

과잉보호형 : 여러 중독증(음식, 술, 담배 등)을 유발하며, 분노, 다른 사람들의 권리를 존중하지 못하는 경우가 있다. 이유는 자녀의 충동적인 요구를 모두 수용한다든지, 원칙이 없거나 부모가 조종당하기도 한다. 이는 정확한 경계가 없거나 안 된다는 거절에 대한 교육을 받지 못해서 나타나는 것이다. 이들은 미성숙하고 충동적인 모습을 보이게 된다.

완벽주의형 : 자신감 상실, 허무주의, 분노, 정확한 도덕 기준과 이를 통해서 죄책감을 심하게 느끼기도 한다.

무절제형 : 부모가 주고 싶은 것을 과하게 준다든지 절제하는 모습이 부족할 때 나타난다. 이들은 무절제한 삶을 살고, 노력하는 모습이나 성취하고자 하는 열정이 부족하다.

체벌형 : 체벌형은 강압적인 면과 완전주의 두 가지를 합친 유형이다. 이들은 체벌과 분노를 자주 나타내고, 인내심이 부족하다. 자신이 어려서 받은 상처를 그대로 자녀에게 투사함으로써 자기 자신이 견딜 수 없는 자신의 문제를 자녀에게 전가하고, 이로 인해서 자녀를 학대하게 되는 것이다. 이들은 죄책감, 타인에 대한 복수심, 비판, 정죄하는 모습 등을 나타낸다.

방치형 : 성장과정에서 규칙 없이 생활한 결과로 나타난 유형이라 할 수 있다. 그들은 자신의 능력, 행동의 한계를 모르고, 의미 있는 관계형성을 못하며, 외로운 정서를 가지고 있다.

부정적 자아상의 문제점

인간관계를 파괴한다. 어떤 모임이나 직장 등 자신과 관련있는 사람들을 대할 때 반항적인 행동을 하거나 도피하며, 무시하거나 비판하기 때문에 주변 관련된 사람들과의 관계 속에서 어려움을 경험하게 된다. 그리고 직장 상사와 충돌을 잘 일으키고, 직장동료와 싸우는 등 서로 관계를 파괴하기도 한다.

다른 사람의 평가에 민감하다. 부정적 자아상을 가진 사람들은 생활을 하면서 살아갈 이유가 즐거운 삶을 살고, 행복하게 사는 것, 당당하고 자신감 있게 잘 적응하면서 자신을 대하는 것이 아니라, 상대방의 눈치를 보면서 어떻게 하면 다른 사람의 마음에 들고 인정받을 수 있을까 하는 일에 관심이 집중된다. 그들은 항상 다른 사람을 의식하고, 이러한 감정이 자신을 비하하게 되며, 자신 스스로에게 비굴하다는 생각과 그런 자신에게 분노를 느끼게 된다.

육체적 정신적으로 질병을 가져온다. 부정적자아상은 자신을 부정적으로 생각하며, 비판적이거나 비관적인 말을 쉽게 한다. 그래서 부정적 자아상의 사람들은 자신을 사랑하는데 어려움을 겪게 된다. 이렇게 자신에 대하여 부정적인 생각을 하게 되면, 스트레스와 함께 여러 가지 신체적으로 어려움을 겪게 된다. 결국 정신적으로 고통을 받을 뿐만 아니라, 억압을 통한 심리적 어려움이 육체적인 증상으로 나타나게 된다.

자신에 대하여 열등감을 갖게 된다. 열등감이 부정적 자아상의 원인이 되지만, 이것은 열등감, 거절감, 수치심 등 여러 순환 관계로 인하여 다시 부정적 자아상의 결과가 된다. 병적 열등감은 사람들과 자신을 비교하며, 이 비교하는 마음은 질투, 시기, 증오심을 낳으며, 이로 인하여 정신적인 충격을 주기도 하는데, 이때 여러 질병을 동반하기도 한다. 부정적 자아상의 사람들은 다른 사람이 자신을 어떻게 생각하고 평가하는가에 따라 행동하고, 자신의 행복과 불행을 결정짓는다.

그러나 자기 자신이 다스리고 통제해야 할 부분이 외부의 사건에 있지 않고, 자기 자신에게 달려 있다는 것을 인정한다면, 열등감으로부터 자유롭고, 건강한 자아상을 만들게 될 것이다.

부정적 자아상에 대한 문제 해결 방법

"자각하기"

자각이란 지금 이 순간에 중요한 자신의 욕구나 감각, 자신이 처한 상황, 행동 등을 알아차리는 것을 말한다. 자신의 마음 상태를 객관적으로 알아차리는 것이다. 부정적인 생각을 자각하고, 이 문제를 변화시키고자 하는 의지가 필요하다.

부정적인 사고에서 벗어나는 방법을 보면 다음과 같다.

첫째, 부정적인 기분을 일으키는 부정적 사고가 어떤 것인지를 찾기 위해서 자신의 마음을 살피고, 그 내용을 자각한다.

둘째, 자신의 부정적 사고가 객관적으로 생각하면서 자신의 지금 생각이 합리적인지를 살펴본다.

셋째, 부정적 사고에 대한 자각이 일어날 때, 바로 그 생각이 합리적인 것인지를 알아보고, 이를 해결할 수 있는 대안을 찾아낸다.

넷째, 이러한 대안적 사고를 유지할 수 있도록 강화시킴으로써 부정적인 기분에서 벗어나야 한다. 즉, 강화시킨다는 것은 그 대안을 찾아서 반복적인 생각과 행동을 통해 학습하여 각인하고 인지구조를 바꾸는 것이라 할 수 있다.

"감정 직면하기"

자신의 감정을 직면한다는 것은 자기의 감정이 어떤 상태이며, 정말 인정하고 싶지 않은 감정까지도 인정할 수 있는 마음의 자세라고 할 수 있다. 그래서 자기 감정을 있는 그대로 보고 받아들이는 모습이 있을 때, 그 문제를 해결할 수 있는 길을 열게 되는 것이다. 자기 자신의 감정을 인정하지 않는 다는 것은 계속해서 실질적 아픈 상처를 숨기는 것이기 때문에 상처를 만지고, 곪은 환부를 짜내서 치료하는 절차를 무시하는 것과 마찬가지가 되는 것이다. 결국 아픈 환부를 치료하는 원리처럼 내 안에 아픈 부분을 인정하는 작업이 같은 원리라 할 수 있다. 경우에 따라서는 자신의 감정을 만나고 용기를 내어 인정하는 것만으로도 치료가 될 수 있다.

"감정표현하기"

다음으로 부정적 자아상에 대한 문제를 해결하기 위해서는 자신의 감정을 표현하는 것이다. 만약 자신의 감정을 해소하지 않고 쌓아 놓다보면 여러 가지 어려움을 겪게 된다. 그래서 감정 표현을 솔직하게 표현하는 자세가 필요하다. 억압하고 있는 자신의 감정이 있을 때에 심인성을 통한 신체적 질병이 찾아올 수 있고, 분노가 쌓이게 되면 억압된 감정이 한꺼번에 폭발하게 된다. 그렇게 되면 한 순간에 관계가 무너질 수 있으며, 관계형성하는데 어려움을 겪을 수 있다. 그렇기 때문에 상처받은 감정은 억압하지 않고 드러내는 용기가 필요하다. 이렇게 용기를 낸 자기 감정표현하기가 되었을 때, 자신의 억압된 감정이 해소되고, 오해가 풀릴 수 있으며, 주관적 사고로부터 오는 비합리적 신념 또는 사고가 객관화 되어 합리적인 사고를 할 수 있는 근거나 대안을 제시해 줄 수 있다.

"자기사랑하기"

자신 안에 부끄러운 부분, 인정하고 싶지 않은 부분, 정말 속에 꽁꽁 싸매고 숨기고 싶은 문제를 있는 그대로 인정하고 받아들이는 자세가 필요하다. 이렇게 되면 자기만족이나 자기기만, 교만으로부터 벗어나 성장하게 된다. 그리고 자기 인정이 있게 되면, 점점 마음의 수용적 자세, 다시 말해서 내면에 힘이 생기면서 자기를 사랑하게 되고, 자존감이 점점 올라가게 된다. 이처럼 자기의 있는 그대로를 받아들일 때에 부정적인 사고나 행동을 멈추고 본인 자신을 지지하며 자신감 있게 살아가게 되고,

진정한 마음으로 자신을 사랑할 수 있게 된다. 또한 자신의 장단점을 솔직하게 인정하거나 받아들이고 자기 삶을 효과적으로 이끌어가게 된다.

열등감 극복으로 건강한 자녀 만들기

열등감의 정의

열등감이란 자기 자신이 누구보다도 못하다는 생각, 자기 자신이 부족하다는 자격지심에서 오는 것을 말한다. 그리고 다른 사람들에 비해서 힘이 모자라 그 대상과 비교하면서 자신을 낮추어 생각하는 것을 말한다. 이때 열등감은 자기보다 우월한 대상을 생각하면서 그를 따라잡겠다고 마음을 먹고, 노력하는 자세를 보이고, 동기부여를 하기도 한다.(김계현, 2006)

그러나 열등감은 사고의 흐름을 막기도 하고, 어떤 상황에서는 자신을 당황스럽게 하기도 한다. 열등감은 자신의 약점 때문에 감정적으로 동요하거나 흥분하게 하며, 열등감은 자기 자신을 무능한 존재로 여기기도 한다. 열등감은 낮은 자아존중감을 갖고 있으며, 자기 자신에 대하여 비판하는 태도를 취하기도 한다. 그리고 열등감이 심한 사람의 경우 자기 자신에게 있는 능력을 인정하고 받아들이는 것을 상당히 힘들어 한다. 이러한 열등감을 가지고 있는 사람은 자신의 감정상태를 긍정으로 보지 못하고, 주변의 칭찬과 인정하는 말을 들어도 받아들이지 못하는 모습을 보인다.

아들러의 열등감

열등감과 보상

아들러는 자기 자신에게 있는 불완전함을 인식하면서 열등감을 느낀다고 말한다. 그래서 이러한 열등감은 인간이 가지고 있는 완전함이나 우월함에 대한 동기가 원하는 만큼 채워지지 않는 것이 열등감을 느끼게 하는 원인이라고 생각했다. 이것은 타인과의 비교에 의해서 나타나는 열등감보다는 자기 자신 곧 내부로부터 느껴지는 좌절감과 불완전감이 자체적으로 갖게 되는 열등감의 이유라고 보았다. 그렇기 때문에 아들러는 이 열등감이 동기를 유발시키는 요인이라고 생각했으며, 인간이 성숙하기 위해서 필수 요소라고 보았으며, 인간 스스로 자기완성을 이루기 위해서도 필요한 요소임을 강조한다.(김계현, 2006)

우월성의 추구 또는 우월을 향한 노력

우월에 대한 욕구는 대부분의 인간이 가지고 있는 것이며, 자기 자신이 가지고 있는 열등감을 보상하려는 욕구에서 비롯된다고 볼 수 있다. 아들러는 인간은 자기완성을 위해 노력하는 것과 동시에 사회 일원으로 사회적으로 우월을 추구한다. 그래서 이 열등감을 사회적 이타성으로 발전시키는 경우에 긍정적인 양상으로 전환할 수 있음을 아들러는 말하고 있다.(심리상담연구회. 이용석, 2014)

증상

열등감을 가진 사람은 자신의 단점이 드러나게 되면 불안과 두려움을 느낀다. 그래서 이러한 상황에 직면하게 되면 당사자는 이 일에 대하여 회피하는 모습을 보인다. 예를 들어 여드름이 심한 사람은 고개를 숙이고 앉거나 다른 사람의 눈에 띄지 않는 곳에 있으려 한다. 열등감을 가진 사람은 다른 누군가가 자기 이야기를 하는 것 같아 많은 시간을 걱정하면서 생활을 한다.

이들은 소극적이며, 선뜻 나서지 못하고 주저하기도 한다. 소심하거나 내성적인 성격이 있는 반면에 의외로 매우 공격적인 유형도 있다. 열등감을 가지고 있는 사람은 의식적·무의식적으로 열등감을 극복하여 자기가 원하는 것에 대한 보상을 하려는 심리가 있다.

열등감의 원인

첫째, 열등감은 부모에게서 가장 큰 영향을 받는다. 성장 과정에서 부모의 심한 간섭이나 돌봄이 부족해서 자녀의 필요를 적절히 채워주지 못하게 되면 나타난다. 동기간의 경쟁에서 밀리거나 형제 간 서로 비교당할 때, 부모에 의한 폭언, 폭행, 술주정이 심하고 낭비벽이 심한 부모에게서 자라게 될 때 나타난다. 또한 지나치게 엄격하고 무서운 부모 밑에서 자라게 되면, 그 자녀는 눈치 보는 아이, 타인 중심적인 생각, 이로 인한 무기력과 무능력을 느껴 열등감을 갖게 된다.

둘째, 부모의 지나친 과잉보호가 열등감을 키운다. 부모가 대신해서 다 선택하게 되면, 실패도 경험해 보고, 때로는 성공과 성취감을 느낄 기회도 잃게 됨으로써, 실패를 통해 재도전 할 수 있는 도전과 극복능력을 배울 기회를 놓치게 된다. 이때 아이는 자신을 신뢰할 수 없는 상태로 열등감을 갖게 된다.

셋째, 열등감은 자신이 버림받았을 때에 생긴다. 부모에게 버림받은 아이는 사랑을 받아도 반응을 자연스럽게 하기가 어렵다. 그들은 버림받았기 때문에 자신을 사랑하지 못하고, 버림받았다는 생각이 마음에 크게 자리를 차지하고 있어서 자신에 대한 자신감도 부족하고, 자존감이 낮게 형성된다.

넷째, 열등감은 신체적인 조건 때문에 생긴다. 외모가 기형이거나 병에 의한 장애로 인하여 자신이 남보다 못하다는 생각 때문에 다른 사람들과 자신을 비교하고, 이로 인한 문제로 열등감을 갖게 된다.(심수명, 2008)

열등감에 대한 문제 해결 방법

열등감을 수용한다.

열등감이 자신에게 있다는 사실을 인정하고 수용하는 자세가 필요하다. 자신의 열등감을 인정하지 않게 되면, 그 열등감은 더 커지게 되며, 자신을 비하하게 된다. 그러나 자신의 부족한 부분을 용기를 내어 수용하는 사람은 상대방의 문제점도 이해하고 받아들일 수 있게 되고, 타인을 수용하는 마음을 보여줄 수 있다. 이렇게 자신과 타인에 대하여 수용하게 되면, 열등감을 극복하고 대인관계에 있어서도 건강한 관계를 유지할 수 있게 된다.

타인으로부터 받고 싶은 인정 욕구를 포기한다.

자신이 타인으로부터 인정과 높임을 받고 싶어 하는 욕구를 포기하는 마음이 필요하다. 열등감은 타인을 의식하게 되는데, 자신이 원하는 대로 이루어지지 않으면 점점 불안과 초조함이 지속되게 된다. 이러한 문제로부터 벗어나 열등감을 극복하기 위해서는 주변의 누군가가 어떤 말을 해도 그 문제에서 자유롭기 위해서는 자신의 약한 부분을 인정하는 것이다. 이렇게 자신의 욕구를 내려놓게 되면, 어느 순간 자신을 힘들게 하던 열등감이 극복되는 것이다.

자신의 가치를 발견한다.

열등감에 사로잡혀 있는 사람은 격려하거나 칭찬하는 것에 대하여 순수하게 받아들이지 못하고 부정적으로 받아들인다. 이들은 자기 스스로 열등감을 다시 강화하는 경향이 있다. 이러한 문제로부터 벗어나기 위해서는 열등감에서 오는 자기 비하에서 자신이 가지고 있는 강점과 장점을 있는 그대로 받아들이는 자

세와, 적극적으로 자신의 좋은 점, 긍정적인 면을 인정하는 것
이다. 이렇게 될 때 자신의 새로운 모습과 긍정하는 마음으로부
터 자신의 가치를 발견하는 계기를 만들게 되는 것이다. (심수명,
2008)

🌿 거절감 극복으로 건강한 자녀 만들기

거절감의 정의

사람들은 대체적으로 타인으로부터 자기가치감과 중요성을 인정 받고 싶어 하는 마음이 있다. 그런데 이러한 필요가 채워지지 않 게 되면, 채우고자 하는 욕구에서 좌절되면서 거절을 경험하게 된 다. 예를 들어, 부모가 자녀에게 상처를 주게 되면 자신이 가장 소중한 부모에게 버림받았다는 생각을 갖게 되면서, 세상이 자신 을 버렸다고 생각하게 되는 것이다. 이렇게 감정적인 면에서 절망 적인 마음의 상태일 때, 이것을 거절감이라고 한다.(심수명, 2008)

거절감의 증상

자기 자신을 학대한다. 슬픔과 자기연민, 자기증오로 나타난다. 무관심으로 일관하며, 실패에 대한 두려움이 있다. 실패에 대한 두려움을 느끼는 사람은 자신의 무가치성을 신념으로 받아들여 자신이 부적절하다고 느낀다. 어릴 때부터 자신이 실패자이며, 무 가치하다고 들어왔기 때문에 실패에 대한 두려움을 강박적으로 갖고 있다. 어떤 일을 할 때마다 실패를 예견하고, 실패를 반복하 게 된다. 그리고 수치감을 갖고 있다. 수치감은 자기를 거절하는 것이며, 자신을 가치 없다고 생각하고, 자기증오의 감정을 갖는다. 마지막으로 낙심하는 마음이며, 절망하는 것이다. 낙심은 감정이 죽어가며 사라지는 경험을 하는 것이며, 절망은 낙심보다 더 깊은 부정적 정서로 볼 수 있는데, 이 감정은 인생을 포기하고 싶어지는 마지막 감정이라 할 수 있다.

타인을 학대한다. 공격적인 성격을 가진 사람은 거절에 대해 타인학대로 반응한다. 이는 자신이 거절 받을 만한 사람이 아니라는 것을 증명하기 위해서 자기 자신이 거절 받을 것에 대하여 미리 생각하고 공격적으로 반응하기도 한다. 타인학대 자들은 대체적으로 자만심이 있다. 개인적인 허영심과 자기중심성을 반영하는 것이라 볼 수 있다. 이러한 사람들은 대개 외로운 시간을 보내거나 복잡한 궤변과 결합된 생각을 가지고 있다. 타인을 학대하는 공격적인 자들은 자신이 우월하다는 것을 보여주고 싶어 한다. 우월감의 이면에는 깊은 열등감과 불안전감이 자리 잡고 있다는 것을 알아야 한다. 다음으로 타인학대 유형으로 군림하는 자세를 보인다. 군림은 자기 자신이 불완전하다는 것을 감정으로 보여주는 것이다. 그들이 이렇게 불완전하다는 감정을 보이는 이유는 사랑의 결핍에서 비롯된 것이라 할 수 있다. 타인 학대의 마음을 갖고 있는 유형은 조종하는 모습을 보인다. 조종은 기만적이거나 간접적인 수단을 통해 사람이나 환경을 지배하려는 의도에서 나온 것이다. 조종은 반항의 중요한 증상이며, 그 영향력이 상당히 크고 다양하다. 그리고 타인학대에는 적개심과 원망이 있다. 적개심과 원망은 보통 상처를 입었을 때 나타나는 현상 중에 하나라고 볼 수 있는데, 이를 통해서 나타나는 감정은 분노, 적개심, 원망, 증오, 살인 충동의 순으로 나타나며, 그대로 전개된다면 마지막은 살인이다. 타인학대적인 사람들은 비판적인 말을 자주한다. 타인에게 부정적인 시각으로 비판하는 것은 상대방을 공격하는 것이다. 마지막으로 지배욕과 소유욕이다. 타인학대를 하는 자가 지배하는 태도를 취하는 것은 자기가 주도권을 쥐고자 하는 시도라 할 수 있다. 지배는 소유하고자 하는 마음이며, 이 소유욕은 상대방이 자기 자신을 위해 살도록 지배하는 것으로 타인의 인격을 모독하고 파괴하는 치명적인 무기가 된다. 장성한 자녀가 결혼을 한 이후에도 이들은 심리적으로 독립을 허락하지 않는 경우가 많다. 이것은 바로 지배와 소유욕에서 나오는 내적인 문제라고 할 수 있다.(심수명, 2008)

거절감으로부터 나타나는 성격 유형

수동적 유형

수동적 유형은 자신의 필요를 위해서 중요한 위치에 있는 권위자에게 접근한다. 이 들 수동적 유형은 상대방이 원하는 무엇이든지 들어주고 싶어 한다. 그 이유 중에 하나는 상대 권위자를 통해서 무한 인정을 받고 싶어 하는 인정욕구에서 온 것이다. 수동적 유형이 갖고 있는 사랑의 결핍은 권위자로부터 인정과 수용과 사랑을 통해서 채워지기를 원한다. 그것은 권위자가 자기 자신에게 신

같은 존재가 되어 주길 바라는 마음에서 비롯된 것이라 할 수 있다. 수동적 유형은 직면 받는 것이나 논쟁 등을 피하고 싶어 한다. 그리고 수동적 유형은 의존적인 모습과 밀착하고 싶어 하는 마음, 매혹적이고 유혹적으로 다가가기도 한다.

수동적인 유형은 충성스럽고, 조력을 잘하며, 유능하다. 또한 민감한 면이 있는 반면에 헌신적이며, 상대를 잘 배려하고 보살핀다. 특히 수동적 유형을 대할 때는 친절하게 대해 준다. 만약 어떤 일로 인해서 잘못을 지적받아 무시당한 느낌이 들면 그들은 과하게 반응하고, 거절감을 느끼게 된다. 또한 이러한 문제가 자신에게 계속적으로 반복이 되면, 자기연민과 부정당한 자신의 마음을 견디지 못하고 우울증에 빠지기도 한다.(심수명, 2009)

부정적 유형

부정적 유형은 권위자를 멀리 하는 유형으로써 이들은 주변을 부정적으로 조종하는 유형이라 할 수 있다. 부정적 유형의 소유자들은 자기 자신이 사랑받지 못한다는 정서가 지배적이다. 그리고 새로운 일을 시작하는 것에 대하여 망설이거나 피하게 된다. 이런 부정적인 성격은 타인에 대하여 무관심하며, 거짓으로 겸손의 자세를 보이고, 조종자로 행동한다. 그래서 부정적 유형은 자기 자신에게 정직하지 못하고, 의욕이 없는 모습으로 무관심한 조종자가 되어 주변을 은근히 조종하게 된다.

공격적 유형

권위자에게 반항하며 경쟁한다. 그들은 수용해 주기를 바라는 마음으로 권위자에게 반항하거나 공격적 형태를 보인다. 공격적 유형의 사람들은 자기 자신이 실패할 것이라는 생각을 하면서 이에 대한 두려움을 갖고 있다. 공격적 유형은 자신에게 칭찬을 하면, 그들은 칭찬받는 것을 힘들어한다. 그들은 친밀한 관계를 유지하는 것에 대하여 어려워하고, 고집이 세며, 이직률이 높다.

허무적 유형

허무적 유형은 반항심을 갖고 있으며, 권위자를 멀리 하거나 공격, 함께 허물고 파괴하는 모습을 보인다. 허무적 유형은 사람들과의 관계에서 상처를 입은 후, 사랑을 포기해 버리고 자신은 사랑받지 못하며, 사랑스럽지 않다고 여긴다. 이들의 핵심신념은 너나 할 것 없이 모두 별 수 없는 존재라고 생각한다.

허무적 유형은 다른 사람들을 깎아 내림으로써 자신을 높이는 행동을 하고, 어떤 때는 상황에 따라 건설적인 비판을 하지만, 내면에는 공격적이고 파괴적이기 때문에 반대를 위한 반대를 하고 파괴적이고, 부정적이며, 다른 대상에 대하여 핍박을 조장하기도 한다.(심수명, 2009)

거절감의 원인

부모에게 받은 상처

거절감은 어린 시절의 불행했던 가정환경으로부터 온다. 예를 들어 너무나 무서운 아버지, 술 먹고 가족을 학대하는 아버지, 하루 종일 욕을 하며 화를 내는 어머니, 자녀에게는 무관심한 부모, 부부 싸움을 너무 자주하는 부모, 필요한 것들을 다 해 주지만 감정의 교류가 없는 부모 밑에서 자란 아이는 거절을 받고 있다는 생각과 사랑을 받지 못하는 것처럼 느낀다.

부모가 배우자에게 불만이 있는 경우 그 불만을 배우자에게 터뜨리지 못하고, 자녀에게 화를 내는 경우에도 아이는 거절감을 경험하게 된다.

또한 거절감은 과잉보호를 할 때 가질 수 있다. 과잉보호하는 부모 밑에서 성장한 아이들은 스스로 선택해서 결정할 수 없게 되고, 이러한 과정이 지속되면 성장하면서 스스로 선택하고, 결정할 기회가 없었기 때문에 살아갈 기회와 결정을 못하게 된다. 이렇게 되면, 낮은 자존감 형성과 이로 인해서 거절감을 갖게 되는 것이다. 부모의 과잉보호는 아이를 믿지 못하겠다는 메시지와 같은 것이며, 자녀 스스로도 자신을 신뢰하지 못하는 마음을 갖게 된다. 또한 거절감은 상대와 비교 당할 때 갖게 되는 것이다. 거절감은 사람과의 상대적인 비교에서 간접적으로 배척하는 마음이 들게 한다. 배척하는 마음이 든다는 것은 자신이 부족하고, 못난 나이며, 누군가 자신을 우습게 볼 수 있다는 예측에서 오는 것이라 할

수 있다. 이것은 끊임없이 자신의 존재에 대하여 불안한 마음을 갖게 한다.(심수명, 2009)

거절감에 대한 문제해결 방법

낮은 자존감 인정하기

거절감이란 자신에 대하여 어떻게 생각하느냐에 따라 거절감을 느끼게 되는데, 보통 낮은 자존감으로부터 오는 기분상의 문제가 거절감으로 나타나는 것이라고 보면 된다. 결국 이 거절감에서 벗어나는 방법은 자기 자신이 지금까지 살아온 삶에 대하여 인정하는 자세에서 문제를 해결할 수 있다.

자신을 사랑하기

이러한 거절감은 부모에게 강압적인 훈육이나 엄한 교육 방식 등에 의해 어린 시절을 보내게 되면, 자기 수용에 있어 심적인 문제를 갖게 되어 있다.

이러한 환경에 놓이게 되면, 원가족에 대한 자신감이 부족하거나, 불평과 수치심 등을 갖게 된다.

이럴 때 자기 자신에 대한 장점이나 긍정적인 면들을 찾아서 자기 자신에게도 좋은 장점과 강점을 소유한 사람인 것을 깨닫고 스스로를 인정하고 사랑하는 것이다. 이렇게 자기를 존중하는 마음으로부터 자기사랑하기가 될 때에 거절감으로부터 벗어나게 되는 것이다. 이러한 자기 사랑하기가 마치 자아도취처럼 보여 질 수 있지만, 그것보다는 자신에 대한 소중한 마음을 갖고 인정하는 자세를 통해 거절감에서 벗어날 수 있고, 또한 자신에 대한 사랑을 통해 자기 존중하는 마음을 키울 수 있기 때문이다.

자기 직면하기

거절감을 극복하기 위해서는 자기 자신에 대하여 솔직히 인정하고, 진실을 받아들이는 용기가 필요하다.

자기 자신을 인정하는 용기를 통해 자신을 현실적인 입장에서 자기 문제를 직면할 수 있으며, 냉철한 성찰을 통해 자신을 있는 그대로 평가하게 된다. 이렇게 되면 거절감으로부터 벗어나 자유한 마음을 갖게 된다.

자신을 돌보고 지지하기

거절감으로부터 수치심을 느끼는 유형은 보통 부모에게 수용받지 못한 사람이다. 즉, 사랑을 충분히 받지 못한 점에서 실망을 하게 되었고, 존재를 거부당했다고 여기게 된 것이다. 이렇게 사랑받지 못했다는 내면의 소리는 스스로에 대한 자기 존중하는 마음이 부족하게 되고, 낮은 자존감이 형성된 것이다. 결국 이들의 심정에는 내가 사랑받지 못하고, 버림받은 존재라는 무의식적 생각에서 벗어나지 못하고, 인정과 사랑에 대하여 애타게 갈급해 하는 것이라고 할 수 있다. 이런 경우에는 자기에 대하여 지금까지 살아온 과정을 회상하면서 잘 견뎠고, 잘했으며, 주변으로부터 받은 긍정적인 이야기를 생각하면서 자기 자신을 돌보는 메시지를 주어야 한다. 자신을 칭찬하고, 격려하고, 장점을 찾아 스스로 아껴주고, 좋은 점들을 상기하면서 자신에게 지지하는 말을 해야 한다.

인내하기

거절감을 극복하기 위해서는 자존감을 높여야 한다. 그런데 이 자존감을 높이기 위해서는 시간이 필요하다. 긴 시간 인내하면서 인격적인 성숙을 가져올 수 있도록 노력해야 한다.

🌿 완벽주의 극복으로 건강한 자녀 만들기

완벽주의 정의

완벽주의는 상당히 높은 기준을 설정해 놓고 추구하는 과정에서
실패할 것에 대한 두려움이나 염려를 가지는 강박적 경향을 말한
다. 완벽주의는 완벽해야 한다는 생각이 지배적이다. 즉, 완벽을
추구한다는 그 자체가 인간으로서 불가능한 일이다. 그런데 완벽
주의는 비현실적 목표를 설정해 놓고, 추구하고자 하는 마음 때문
에 심리적으로 갈등이 생기게 된다. 그래서 완벽주의자는 자신의
가치를 생산성과 업적으로만 평가하고, 이에 따른 실패는 파괴적
인 성향으로 나타나게 되는 것이다.

　특히 완벽주의자들이 고통을 받고 있는 곳으로는 직장, 가정,
다른 사람들과의 관계, 취미생활, 사고방식, 부부생활, 사교모임,
쇼핑, 학교생활 등이다.(심수명, 2008)

완벽주의 증상

완벽주의는 부모가 자녀에게 수준 이상으로 기대하거나 자녀가
기대한 만큼 어떤 일에 대하여 부모가 충족하게 될 때에 그 가치
를 인정하게 되는데, 그 과정에서 완벽주의가 생긴다. 이렇게 되

면 자녀는 부모의 기대에 맞추려는 노력과 성취욕에 지나치게 몰두하게 된다.(심수명, 유근준, 2009)

완벽주의 자는 무엇인가를 아주 잘해야 한다는 생각 때문에 자기 자신을 피곤하게 하는 경향이 있다. 완벽주의자들은 자신이나 타인에 대해서 높은 기대심을 가지고 있다. 완벽주의를 가지고 있는 사람들의 기대하는 마음이 스스로 감당하기에는 높고 어려우며, 그 수준이 너무 높아서 실패하기가 쉽다. 이때 실패를 하게 되면, 외부의 원인으로 돌리고, 자기가 하는 일이 너무 어려워서 도저히 감당할 수 없는 일이라고 다른 사람들에게 말을 흘린다. 그래서 실패로 나타날 수 있는 문제를 사전에 미리 막고, 자기체면을 유지하고자 한다.

완벽주의 자는 언제나 완벽해야 하는데 그렇게 하지 못하는 자신은 완벽하지 않기 때문에 실패로 간주한다. 그들은 자신과 타인이 한 일에 대해서 자신도 모르게 실수를 찾으려고 한다. 또한 다른 사람들이 어떤 것이 옳고 그름에 대한 판단이 떨어진다 여기기 때문에 불신과 무시가 있고, 그러한 이유가 다른 사람들과 한 팀의 일원으로 일하는 데 어려움을 겪게 한다.

완벽주의자들은 습관적으로 미루는 버릇이 있다. 그들은 완벽해야 하기 때문에 강박적인 생각이 시간적 여유를 갖고 일하는 것을 어렵게 하고, 정서적 고통을 준다. 따라서 그들은 오히려 압박감을 느끼는 환경에서 일을 잘한다. 일을 다 마친 후에 완벽주의자는 스스로 말하기를, 자신에게 주어진 시간이 그리 짧은 시간이 아니었는데, 자신이 또 일을 미리미리 진행하지 못하고 시간에 쫓겨 일을 시작했다고 생각한다. 그리고 그들은 앞으로 더 일찍 일을 시작한다면 자신의 능력을 최대한 발휘할 수 있을 것이라고 생각한다.

완벽주의 자는 주변 사람들이 아무 생각 없이 무의미하게 살아간다고 여기고 다른 사람들을 판단하고 정죄하려고 한다.

완벽주의자들은 스트레스에 민감하여 더 쉽게 우울해지기도 한다. 자기가 세운 높은 목표가 스스로를 힘들게 하고, 결국 그 목표에 도달하지 못하면 무능하다고 생각한다. 이것은 다시 낮은 자존감으로 연결되면서 우울하게 되는 것이다.

완벽주의의 원인

이상적 자아 추구

인간은 실제자아와 이상적 자아, 의무적 자아 사이의 불일치를 느끼게 될 경우 이 불일치를 줄이기 위해 노력하게 된다. 이 과정에서 완벽주의가 싹트게 되는 것이다. 불일치가 크면 클수록 인간은 더 많은 정서적 고통을 느끼게 되므로 완벽주의자들의 부정적 정서가 생겨나게 된다.

완벽주의를 추구하는 사람들은 상상 속에만 존재하는 이상을 현실에 존재한다고 믿고 그렇게 될 수 있게 노력하는 것이다. 그러나 이런 추구는 결코 지속될 수 없는 것이며, 자기 자신이 이루고자 하는 최고에 대한 노력이 오히려 더 심한 불만을 가져오게 된다. 그래서 완벽주의 자들은 지속적인 만족감을 누리지 못하고, 자신이 이루고자 한 것에 대하여 만족하지 못하면 불만이 생기고 그 불만은 더 많은 것을 원하게 되고, 더 많은 특권을 얻고자 하고, 일을 완벽하게 끝내려 한다.

부모의 양육태도

완벽주의는 완벽주의적 양육태도에서 자녀에게 전가되고 학습된다. 자녀의 실수나 만족할 만한 성과가 없을 때에 완벽주의 부모는 실망하는 모습을 드러내게 되고, 부모의 행동이나 감정적인 표현이 자녀들에게는 거절로 받아들이게 한다. 완벽주의 부모는 자기 자신의 행동에 대해서 과소평가하고, 자녀들의 어떤 일에 대한 과정과 노력을 통한 결과에 대하여 보상해 주거나 수용하는 자세가 부족하다.

이렇게 완벽주의적 사고를 가지고 있는 부모로부터 자녀는 인정받기를 간절히 원하는데, 부모는 자녀가 한 일에 대하여 인정해 주지 않는다. 그래서 완벽주의 자들의 자녀들은 부모님의 인정과 관심에 목말라 하고, 그들은 인정을 받기 위해서 경쟁적으로 일을 성취하려고 한다. 이런 아이들은 경쟁에서 쳐지게 되거나 밀렸다는 생각이 들면, 자신은 가치 없고, 사랑스럽지 못한 존재로 여기게 된다. 또한 사람들에게 거부당할 것이라고 두려워하면서 더욱 경쟁에서 밀리지 않으려고 안간힘을 쓰거나, 거짓말을 하고 속임수를 쓴다. 부모가 자녀에게 완벽한 것을 바라고, 그에 대한 성취를 요구하게 되면 자녀들은 어떤 일을 시작하기도 전에 미리 포기하는 경향이 나타난다. 완벽주의를 추구하는 부모들은 자녀가 어느 정도 좋은 결과를 내놓아도 그들은 충분한 공감과 격려보다는 오히려 실망하는 표정을 보이기도 하는데, 이런 경우에 자녀들은 자신들도 모르게 완벽주의 사고를 갖게 된다.

어느 부모도 자기 자녀를 상처가 깊은 아이로 키우고 싶은 사람은 없을 것이다. 그러나 병든 부모가 자신도 모르게 정서적인 문제를 보이고, 아이들에게 병적인 문제를 전가하고 학습시키는 것처럼 완벽주의 부모는 완벽주의 자녀를 만들어 낼 수 있는 것이다.(심수명, 2008)

사회적 요구

현대사회는 조직화와 효율성, 신속성을 강조하는 경쟁사회가 되었다. 이러한 경쟁사회 속에서 인간은 이기적이고, 자기중심적 사고를 하게 되었다. 이러한 경쟁사회 구도는 누군가를 이기지 않으면 밀릴 수밖에 없는 상황에서 유능한 자가 되어야 한다는 생각을 갖게 된다. 그러나 수많은 경쟁은 패자를 만들거나 또는 승자가 되어도 승자의 자리를 지키기 위한 몸부림이 스트레스 속에서 살아가게 한다. 결국 사람들은 어떤 분야에서든 최고가 아니면 살아남을 수 없는 사회라는 것을 인식하면서 완벽하지 않으면 살아남을 수 없다는 불안을 갖게 된다. 그렇기 때문에 사람들은 더 완벽함을 추구하게 되는 것이다.(심수명, 2008)

완벽주의에 대한 문제 해결 방법

왜곡된 사고 바꾸기

완벽주의는 모든 상황으로 볼 때 불가능하다고 판단됨에도 불구하고 완벽하게 처리할 수 있다고 생각하는 경향이 있다.

완벽주의를 치료하기 위해서는 높은 기준을 낮추고, 절대 기준에 도달한다는 것이 얼마나 힘든지에 대한 비합리적 사고, 왜곡된 사고를 발견하여 인정하고 합리적인 사고로 바꿔가는 것이다.

탁월성 추구하기

완벽주의가 치료되려면 완벽주의 성향 자체를 긍정적 혹은 부정적 특징으로 보기보다는 완벽해지고자 하는 완벽주의적인 실질적인 속성을 파악해야 한다.

무엇보다 완벽주의는 주변으로부터 인정받으려는 병적인 집착에서 비롯된다고 볼 수 있다. 이러한 인정욕구를 인정하고 그 욕구를 내려놓는다면 타인에 대한 인정욕구에서 오는 완벽주의적인 것을 자기 자신의 강점으로 바꿀 수가 있을 것이다. 이렇듯 완벽주의를 치료하면, 긍정적인 면으로 전환되면서 장점 또는 강점을 갖게 되는데, 이렇게 되면 정교함과 집중력이 필요한 곳에서 탁월함으로 나타날 수 있다. 완벽주의는 많은 좌절을 가져다주지만 탁월함은 전문성을 갖추게 되는 것이므로 그만큼 긍정적이라 할 수 있다.

자기 독백 점검하기

자기 자신이 원했던 만큼 일이 해결되지 않아서 목표한 만큼 도달하지 못했을 때에 그럴 수도 있다고 말하는 자세가 필요하다. 누구나 완벽하게 일을 해내는 것은 아니다. 이 정도면 잘한 거라고 자신에 대하여 지지한다. 이렇게 자기 독백을 불행으로 받아서 말하는 것이 아니라, 있는 그대로 인정하고 지지하는 자세가 있을 때 완벽주의에서 자유로울 수 있다.

🌿 불안을 이겨내고 건강한 자녀 만들기

불안의 정의

불안은 미래에 겪을지도 모르는 막연한 걱정과 상처에 대한 염려이며, 불안은 죽음에 대한 공포이다. 여러 사람들 앞에서 시험을 보고, 발표를 하거나, 면접을 보는 경우 등 이러한 상황에서 불안을 경험하게 된다. 불안은 정확한 이유 없이 앞으로 진행될 일이 잘못될지도 모른다는 두려움에 힘들어 하는 것도 포함된다.(심수명, 2008) 그러나 어느 정도의 불안은 어떤 상황에 대하여 적절하게 준비를 하게 한다든지, 누구나 긴장 같은 것을 경험할 수 있는 일반적인 현상이기도 하다. 불안은 행사나 중요한 안건 등 임박한 상황에 대처할 수 있도록 반응을 하게 한다.(이용승, 2013) 그래서 불안은 부정적인 면에 반하여 정신적으로 긴장감을 줌으로써 어떤 일에 관련된 상황에서 적절하게 대처할 수 있게 하는 정서적인 면도 있다. 그리고 불안은 학습에 있어 좀 더 긴장하게 하고, 느슨함으로부터 학습 수행을 잘 해내도록 긴장감을 주는 등 여러 가지 긍정적인 면도 있다. 이처럼 불안이라는 정서가 우리에게 어떻게 적용되고, 어떤 방향으로 영향을 끼쳐 활성화 되느냐에 따라 긍정과 부정 모두를 가지고 있다는 것을 알 수 있다.

불안의 종류

불안에는 범불안장애, 공황장애, 공포장애, 강박장애, 외상 후 스트레스 장애, 예기불안이 있다.

범불안장애 : 범불안장애가 있는 사람들은 항상 미래에 대한 걱정과 불길한 기대를 갖고 있으며, 이러한 불안이 제대로 통제되지 않아 지속되는 불안을 경험하기도 한다. 범불안장애는 일상적인 생활 속에서 만성적이고 지속적으로 불안해하고 걱정하는 사람들이다. 그들은 안절부절 어찌할 바를 모르거나 쉽게 피곤해 하고, 주의집중 하는데 어려움을 겪으며, 과할 정도로 예민해서 쉽게 화를 내기도 하고, 상황에 따라서는 수면장애를 겪기도 한다.

공황장애 : 공황장애는 실제 죽음에 대한 위험은 없지만, 죽을지도 모른다는 생각과 그로 인해서 엄습하는 공포가 자제력을 잃을 만큼 느끼는 두려움으로 오해석을 하게 한다. 그들은 공황발작이 일어나면 이후에 다시 발작이 일어나게 될 것이라는 걱정 속에서 지속적으로 염려하게 된다. 특히 공황장애를 앓고 있는 사람들은 자기 옆에 도와줄 사람이 없으면 심하게 불안 해 하고, 바깥출입을 하지 못할 정도로 심적인 제약을 받기도 한다.

공황장애는 경우에 따라서 광장공포증으로 나타나기도 하는데, 이들은 혼자 외출하거나, 사람들 속에 있거나, 여행을 혼자 하는 것이라든지, 엘리베이터 안에 있거나 하면 공황장애자들은 극도로 공포감을 느끼게 된다. 그래서 공황발작을 처음 경험한 이후에 극심한 불안감에 시달리게 되며, 자기 옆에 누군가 도와주지 않거나 동행하지 않으면 바깥출입을 못하게 된다.

그래서 이러한 공황장애의 원인을 성장 과정에서 외상 경험을 함으로써 그 경험에서 오는 두려움이나 고통, 자기상실에 대한 두려움, 내적인 갈등 등이라고 보았다. 그리고 이 공황장애는 불안에서 비롯된 것이라 보기 때문에 불안에 대한 정확한 이해와 평가가 있을 때 치료까지 가능할 수 있다.

강박장애 : 이 장애는 강박사고나 강박행동으로 나타난다. 이렇게 강박에 자유롭지 못한 사람은 강박적인 행위에 많은 시간을 사용하고, 그 행위에 과도하게 집착하여 일상생활을 하는데 어려움을 겪게 된다. 강박적인 사고가 본인이 생각하기에도 합리적이지 않고, 자신의 행동이 말도 안 되는 행위라는 것을 알지만, 자기 스스로 통제할 수가 없다. 이처럼 자기 자신이 생각하는 불편한 이미지가 반복적으로 떠오르게 된다는 것과 반복하는 행위에 대한 불편한 마음, 고통이 따라오지만 중화시키기 위한 행동을 계속하게 된다. 강박행동을 하는 사람들은 물건 정리하기, 반복적으로 확인하기, 손 씻는 행동 등을 몇 번이고 반복한다. 강박장애 자들은 습관처럼 반복행위를 해야만 마음이 편안해지는데, 앞에서 말한 것처럼 이것을 중화시키기 위한 행동이라고 한다. 결국 강박적인 행위를 하는 것은 자신의 심리적 고통을 예방하거나 두려운 일에 대한 방지 또는 완화하려는 시도에서 나타난다고 볼 수 있다.

외상 후 스트레스 장애 : 외상 후 스트레스 장애는 교통사고나 폭행 등 여러 가지 예상치 못했던 사고를 통해 외상적인 경험을 하고 난 후, 그 경험이 반복해서 떠올라 고통스러운 경험을 반복하게 되는 것을 말한다. 외상 후 스트레스를 앓는 사람들이 사고와 관련된 침투적 사고의 재현과 억압이 반복될 때마다 불안해지고, 극심하면 정서적 마비 현상도 나타난다.(이용승, 2013)

예를 들어, 운전을 하고 가다가 교통사고 현장을 목격하게 된다. 사람이 큰 외상을 입고, 보기에도 흉한 고통스러워하는 장면을 보게 된 것이다. 이후 계속해서 그 장면이 떠오르고, 반복적으로 고통스러움을 느끼게 된다. 바로 이러한 상황의 재연과 고통의 반복이 있을 때, 이를 외상 후 스트레스 장애라 한다.

예기불안 : 예기불안은 앞날을 예견하면서 특정한 사건에 대한 불안이나 공포를 느끼는 것을 의미한다. 뱀에 대한 공포증을 가지고 있는 사람이 자신이 두려워하는 그 대상에 다시 노출될 것을 생각하면서 미리 불안해한다. 비행기에 대한 공포증이 있는 사람이 앞으로 다가올 해외 출장에 대하여 미리 불안을 느낀다든지, 지진이나 생태계의 파괴를 걱정하면서 미래에 닥쳐올 재앙을 예측하고 대비를 하려는 행위도 예기불안에 의한 것이라 할 수 있다.(박현순, 2012)

불안 심리를 가진 사람들의 특징

신체적 특징

불안할 때에 과호흡 또는 호흡곤란, 어지러움, 머리가 무겁고, 가슴이 답답하며, 손발 저림, 다리에 힘이 빠지기도 하고, 가슴이 두

근거리거나 가슴 통증 등이 나타난다. 생리현상으로는 교감신경의 활성화와 심장 박동 수의 증가가 있고, 손발이 저리거나 차갑고, 얼굴 화끈거림이나 땀을 많이 흘리고, 이외에도 변비, 입 마름, 구토 등의 증상이 있다. 이러한 신체적 증상 중에는 근육 경련과 이로 인하여 뒷목이 뻣뻣해지거나, 가슴이 두근거리는 현상, 혈압이 상승하고, 호흡이 빨라지는 등 각자 신체적 특징에 따라 증상이 나타나기도 한다.(박현순, 2012)

심리적인 특징

불안이 심한 사람들은 행복을 두려워하는데, 그 이유는 행복이 현실로 다가온다 싶으면, 마치 그 행복이 사라질까봐 미리 두려워하게 된다. 다시 말하자면 행복해지는 그 순간부터 두려움에 빠지고, 행복이 사라지고 불행한 일이 닥칠 것이라는 막연한 걱정에 회피하게 되는 것이다. 그래서 이런 불안이 심한 사람의 경우 한 순간도 행복할 수 없으며, 즐거움이 있었다 하더라도 곧 바로 불행한 일이 닥칠 것이라는 생각에 늘 불안과 걱정에서 자유롭지가 못하다.

그들은 성공을 두려워하는 경향이 있다. 왜냐하면 불안이 있는 사람들은 어릴 때부터 격려나 지지를 통한 긍정적인 말을 듣지 못했고, 좋은 관계를 경험하지 못했기 때문에 즐거운 시간이 있었다고 해도 잠시 한 순간이라고 생각하고, 다른 어려움이 올 것이라는 불안한 마음을 갖게 된다. 그리고 불안한 심리의 내면에는 성공을 기대하지만 그것은 잠시 일뿐이고, 다시 실패하게 될 것이라는 두려움 때문에 그들은 실패를 선택하고자하는 묘한 심리를 가지고 있다.

그리고 불안이 있는 사람들은 고통, 슬픔, 아픔, 불행 등을 자신도 모르게 생각하고 따라가는 경향이 있다. 그런 경향은 결국 주변 대인관계에서 내면적 불안으로부터 오는 불만과 부정적인 사고가 갈등을 만들어 낸다는 것이다.

불안의 치료

비합리적인 사고를 찾는다

불안이 있는 사람은 실패하는 것이나 상실이라든지 여러 가지 어려움에서 문제를 극복하기 힘들어하는 무능력에 관련된 부정적이고도 비관적인 심상을 가지고 있다. 이러한 부정적이고 비관적인 사고는 자동적인 사고가 가져다주는 습관적인 패턴으로부터 오는 경향이 있다.

이러한 패턴을 자각하기 위해서는 빠르게 지나가는 자동적 사고를 파악할 수 있도록 해야 하는데, 이것은 자기 자신이 갖고 있는 비합리적 사고에서 오는 불안한 원인을 깨닫게 되어야만 자신의 생각이 감정, 행동에 대하여 어떤 영향을 주고 있는지를 알 수 있게 된다. 그러므로 이런 문제에서 벗어나기 위해서는 우선적으로 자신의 생각이 어떤 생각을 반복적으로 하는 것인지, 아니면 어떤 부정적 사고를 반복해서 습관적으로 나타내고 있는지를 자각하고, 자기 주관적 사고로 인한 비합리적 생각인지 아닌지를 객관적으로 평가해야 하고, 이렇게 해서 발견하게 된 문제를 수정할 수 있어야 하는 것이다.

합리적인 사고로 전환한다

자신에게 놓인 문제에 대하여 과하게 해석하여 불안 해 하는 것에서 반박하는 자세가 필요하다. 과대평가의 오류에 대해 반박하는 방법은 자신의 판단에 대한 근거를 묻는 것이다. 비합리적인 사고(생각)에서 벗어나게 하는 일반적인 반박은 자신이 느낀 자동적 사고가 객관적 사실이 아니며, 자기가 경험한 것을 기준으로 주관적 추측으로 받아들인 다는 것을 찾아내야 한다. 그리고 이러한 생각에 대한 근거를 검토해서 보다 현실적인 대안을 제시하는 것이다.

이렇게 되면 자기 자신이 가지고 있었던 자동적 사고에 대한 근거들을 고려하여 정확한 정보를 수집함으로써 이전보다 더 현실적이고 합리적인 생각으로 바꿀 수 있게 되는 것이다.

또한 불안에 대한 반응으로부터 오는 극단적인 사고에 대하여 반박하는 자세를 갖는다. 공포증이 있는 사람들은 두려운 대상이나 상황에 대하여 인지적, 정서적으로 회피하려는 경향이 있다. 이때는 자신이 두려워하고 있는 상황이 과연 정말 그렇게 끔찍한 것인지 따져보고, 자신이 생각하는 것만큼 위험한 상황이 일어날 확률이 있는지를 조목조목 짚어보고 객관적으로 정리를 한다. 이런 과정을 거치다보면 불안에서 이겨낼 수 있는 자신을 보게 될 것이다.

불안과 맞서서 싸운다

최근 수년 동안 한번도 쥐가 집에 들어온 적이 없고, 뱀이나 거미에게 물리지도 않았으며, 다른 사람으로부터 피해를 입은 적이 없는데도 불구하고 자신은 여전히 그 대상을 두려워한다. 이러한 불안에서 벗어나기 위해 사람들은 불안을 유발할 만한 자극과 부딪치는 것을 의식적으로 피하게 되고, 그런 노력을 통해 불안을 조금은 덜 느끼게 된다. 하지만 이렇게 회피를 하게 되면, 불안을 지속시키고 강화시키고 극복하는데 어려움을 겪게 된다. 불안으로부터 일시적인 회피를 유지하다보면 오히려 장기적으로는 불안을 유지하고 확대하는 결과를 낳게 되는 것이다. 사람들이 회피를 통해 불안을 피하는 행동에서 적극적인 노출을 통해 불안에 직면하는 것이 불안을 치료하는데 효과적이라는 결과가 임상을 통해서 입증했다는 발표가 있다. 이렇듯 불안을 극복하는 방법에 있어서 적극적으로 불안과 맞서는 방법이 좋은 치료라 할 수 있다.

불안을 당당하게 표현한다

앞에서 말했듯이 어떤 불안을 유발하는 문제나 상황을 회피하게 되면 문제를 해결하기가 점점 더 어려워진다는 것을 알아야 한다. 겁이 나서 회피한다고 해도 불안이 없어지는 것이 아니다. 불안한 경우에는 오히려 그 불안에 맞서서 자기 자신에게 이렇게 말로 표현한다.

"내가 아무리 불안한 상황을 회피하고 도망가려고 해도 피해갈 수 없다."

"회피하려고 하면 할수록 걱정과 불안은 점점 더 불어날 것이다."

"그렇기 때문에 나는 이 문제를 정면으로 부딪칠 것이다. 불안하지만 그것을 극복할 것이다."

"불안하다고 겁내거나 피하지 말자!"

이렇게 자신에 대하여 지지하고, 불안에 맞설 준비를 갖추고 자기의 문제를 직면했다면, 다음으로 자신의 말을 들어줄 준비가 되어 있는 사람을 만난다. 그리고 불안을 있는 그대로 말한다. 이러한 방법으로 자신의 불안을 숨기지 않고 말하게 되면, 그 불안으로부터 이겨내고 보다 안정적인 마음으로 살아갈 수 있

는 자신이 될 것이다.(심수명, 2008)

5장

인성은 의사소통이다

경청은 상대방에 대한 관심과
존경의 표시라는 것을 알고, 경청을 삶에 적용할 수 있도록 한다.
또한 공감이 상대방의 마음을 깊이 있게 만나주고,
그의 수준에서 느끼고 보며, 상대의 마음속에 들어가서
그의 세계를 볼 수 있다는 자세로 임하는 것을 목표로 한다.
그리고 각자의 심정을 서로 나누며, 지지와 격려를 할 수 있으며,
자신의 감정을 성숙하게 전할 수 있도록 방법을 배운다.
그 다음으로 자각패턴을 이해하고, 자각패턴이
삶 속에서 어떻게 작용하는가를 알아보고
자신과 상대방에 대한 이해의 폭을 넓힌다.

🌿 올바른 경청의 방법

경청의 개념

상대방의 말을 통하여 그의 감정을 듣는 것이다. 내담자의 심정을 깊이 있게 이해하기 위해서는 경청은 필수적이라고 할 수 있다. 상대방의 표정과 몸짓, 음성의 섬세한 변화까지도 알아차리고 듣는다.(김계현, 2004)

경청을 좀 더 이해하기 위해 경청의 의미를 살펴본다.

첫째, 경청은 관심의 집중이다. 경청은 상대방의 말에 관심을 가지고 집중하는 것이며, 말하는 사람의 이야기를 끝까지 주목하여 듣는 것을 말한다.

둘째, 경청은 감정을 수용하는 것이다. 경청은 상대방의 말을 순수하게 받아들이고, 언어 이면의 숨은 뜻을 듣는 것이다. 비언어적인 내용까지도 듣는 것을 말한다.

셋째, 경청은 사랑이다. 진지한 경청과 진지한 시선은 당신을 존중하고 있다는 것을 보여주는 것이며, 사랑받고 있다는 느낌과 그만한 가치가 있는 존재라는 것을 느끼게 하고 마음을 열게 하는 것이다.

넷째, 경청은 노동이며 봉사이다. 진정한 경청은 집중을 하고 혼신을 다해 듣는 것으로써 엄청난 수고를 동반한다. 그래서 정신적인 면과 육체적인 에너지의 집중이 필요하며, 다른 사람을 존중하고 건강한 사람으로 세워질 수 있도록 힘을 다하겠다는 결심이 있어야만 바른 경청을 할 수 있다.(심수명. 유근준, 2012)

경청의 유익

상대방의 이야기를 깊이 경청할 때에 사람의 마음을 이해하고 그 욕구를 알게 된다. 그래서 경청은 상대방을 이해하게 되는 것이며, 진지한 경청은 상대방에게 존중받는 다는 느낌을 가질 수 있도록 한다. 그리고 진지하게 있는 그대로 말을 들어주면 상대방의 마음에 치료까지 일어나게 할 수 있다. 이것은 말하는 사람이 자신의 억압된 감정을 풀어낼 수 있게 하며, 감정이 정화되면서 심적 어려움이나 고통에서 벗어날 수 있게 돕는 역할을 하기 때문이다.(심수명. 유근준, 2012)

경청의 태도

- 말하는 사람을 지그시 바라본다.
- 진지한 자세를 가지고 듣는다.
- 경청하다가 이따금 상대방 쪽으로 몸을 기울인다.
- 좋은 시선 유지하면서 상대방과의 시선 접촉을 유지한다.

- 경직되지 않고, 편안하면서 자연스러운 자세를 취한다.

(심수명. 유근준, 2012, 52)

경청의 방해요인

선택적 경청 : 듣고 싶은 말만 듣는 것으로써, 이런 경우에 말하는 상대방의 내용을 축소시켜 듣기 때문에 오해를 일으키기가 쉽다. 대화 중에 그 맥락을 다 버리고 그 가운데 단어에만 집착하는 경우와 말꼬리를 잡고 골라서 듣는 것이 대표적인 선택적 경청이라 할 수 있다. 보통 의심이 많은 유형이거나 성미가 급하며, 상처가 많은 사람들이 이런 실수를 한다.

자기중심적 경청 : 보통 왜곡해서 듣는 방법을 말한다. 말한 사람의 의도와는 상관없이 자기가 생각한대로 해석해서 듣는다. 열등감이나 죄책감이 많은 사람들은 상대방의 말한 내용이나 중심메세지에 상관없이 어떤 단어나 문자에 집착하여 오해를 하게 되고 자기방식대로 경청한다.

경청을 가장하기 : 상대방의 말에 집중하지 않고, 다른 생각을 하면서 듣는다. 듣는 이가 자기감정에 몰두하여 별 생각 없이 듣는 경우를 말한다. 또는 상대방의 말에 동의할 수 없는 경우, 말하는 이의 눈치를 보면서 거짓 경청을 가장해서 듣는 행동도 이에 포함된다.

편견 : 사람들에게는 선입견이 어느 정도 있다. 자신의 선입견을

파악하고 경계하지 않으면 편견을 통제한다는 것이 어려울 수 있다. 자신만이 가지고 있는 기준 즉, 편견으로 남을 평가할 수 있는데, 이는 다른 사람에게 상처를 줄 수 있다는 것을 알아야 한다.

생리적인 요인 : 사람은 말하는 것보다 약 5배 정도 빨리 듣는다는 조사한 결과가 있다. 말하는 속도보다 생각하는 속도가 빠르기 때문에 상대방이 하는 말을 들으면 지금 하고 있는 말보다 그 다음에 할 말을 짐작하게 된다. 그래서 말보다 빠르게 듣는 차이가 상대방의 말이 지루하다는 생각이 들고, 다른 엉뚱한 생각을 하게 된다. 이렇게 되면 말하는 이는 상대방이 내 말을 듣고 있는지 아닌지 알 수 있으며, 상대방은 존중받지 못한다는 생각에 불쾌한 마음을 갖게 될 것이다.(심수명, 2009)

경청의 내용

상대방의 언어적 메시지를 알아내는 경청

언어적 메시지를 들을 때에는 그 메시지가 전달하고자 하는 것이 무엇인지 잘 들어야 한다. 메시지 속에는 말하는 이의 경험, 행동, 정서가 배어 있다. 듣는 사람은 상대방이 말하려는 것과 문제 상황에 대해 잘 경청하여 드러내고자 하는 내용, 행동, 감정 등을 주의 깊게 들음으로써 말하고자 하는 내용을 알아차린다.(심수명. 유근준, 2012)

상대방의 비언어적 메시지를 알아내는 경청

보통 일상대화에서 표정, 몸의 자세, 목소리, 손발의 움직임 등에 의한 반응들은 상당히 다양한 메시지를 전달한다. 유능한 상담자는 내담자의 비언어적 메시지에 민감하게 주의를 기울인다. 많은 경우에 내담자가 말로 표현한 것보다 비언어적 메시지가 정서적인 부분과 생각을 더 정확하게 전달하기도 한다.(김계현, 2004)

매러비안(Mehrabian)의 연구에 따르면 사람들은 의사소통에서 말은 7%밖에 사용하지 않는 반면에 목소리는 38%, 얼굴 표정은 55%나 사용한다고 한다. 얼굴 표정과 말이 일치하지 않을 때 사람들은 말보다 얼굴 표정을 더 신뢰한다고 한다. 비언어적인 메시지는 다음과 같은 특징이 있다.

첫째, 비언어적 메시지는 말로 표현한 것을 반복해 주거나 확인시켜 준다.

둘째, 비언어적 메시지는 언어적으로 한 말을 부인하거나 당황하는 것을 나타낸다. 화자가 직면적인 피드백을 받을 때 당황하지 않는다고 말하면서 얼굴이 붉어지고, 목소리를 더듬으며, 입술에는 경련이 일고 있다면, 내담자의 비언어적인 메시지는 언어의 메시지가 아닌 비언어적인 메시지를 더 강조하고 있는 것이다.

셋째, 비언어적 메시지는 언어적으로 한 말을 강화하거나 강조해 준다. 즉, 어떤 상황에 대하여 강하게 부정하기 위한 표현 방법으로 부정한다는 의사표시를 하고, 손짓으로도 손을 절레절레 흔드는 비언어적인 메시지를 사용한다. 이렇게 되면 비언어적인 메

시지는 언어적 메시지를 더욱 강조하게 되는 것이다.(심수명, 유근준, 2012)

상대방이 처한 상황의 경청

인간의 행동은 언어적 메시지와 비언어적 메시지로 되어 있는데, 이러한 메시지를 모두 다 이해할 수 있는 것은 아니다. 상대방을 깊이 경청한다는 것은 말하는 이가 살아가고, 움직이며, 몸담고 있는 상황이 미치는 영향까지도 경청하는 것을 말한다.(심수명, 유근준, 2012, 57)

냉철한 경청

냉철한 경청이란 상대방이 경험한 실제의 어느 한 부분을 이루고 있는 차이나 부조화를 탐지하는 것을 의미한다.(김청자, 정진선, 2009, 268)

경청하는 사람은 상대방의 말하는 이야기를 경청하면서 내담자의 경험과 행동하는 모습, 정서를 객관적으로 관찰하고 경청한다. 더 나아가서 타자의 관점이나 경향이 어떤 것인지 경청을 통해 알아낸다. 그 상대방의 가치관과 생각에 대하여 있는 그대로 경청을 하여 숨겨진 속뜻을 찾는다. 혹시 말하는 이가 사실과 다르게 왜곡하고 있는 경우일 때, 그러한 상황에 대해서 냉철하게 지각하고 이해하는 것을 의미한다. (심수명, 유근준, 2012) 이렇게 될 때에 상대방의 마음을 제대로 이해하고, 깊은 만남의 시작이 되는 것이다.

🌿 마음을 만나는 심정대화

심정대화의 중요성

서로 간의 대화를 사람의 신체에 비유한다면 마치 혈액순환과 같은 것이라 할 수 있다. 혈액순환이 원활하지 못한다면 우리 몸은 건강을 지키지 못할 것이다. 이렇듯 대화는 혈액순환과 같아서 원활한 대화 없이 산다는 것은 건강한 관계를 유지할 수 없다는 것을 말한다. 그렇기 때문에 진정한 대화를 위해서는 자신만의 세계에서 나와 다른 사람들과 관계를 만들어 가는 것부터 시작해야 한다.

이 대화는 인간으로 성장해 가는 데 필수적인 것이며, 대화는 우리의 삶과 같은 것이라고 해도 과언이 아니다. 대화는 사람을 살리는 만남이 될 수 있으며, 인간은 관계적인 존재로서 의사소통을 통해 진실한 마음을 서로 주고받을 수 있다.

심정대화의 이해

보통 일반적인 대화에서 더 깊은 심적인 마음의 만남이 되는 것을 심정대화라고 한다. 심정대화는 상대방의 심정을 알아주는 대화 기법이라 할 수 있다. 심정이란 단어는 마음을 뜻하는 심(心)과 정서를 뜻하는 정(情)의 합성어로서, 이는 마음으로 느껴지는 정서를 말한다.

심정대화는 말하는 이와 듣는 이의 마음이 격려와 지지를 주고받는 것이며, 상대방의 심정에 대하여 공감하고 그 사람의 관점에서 그 상대방의 세상을 보고자 하는 행동이다. 인간은 거의 모두가 인정받고, 사랑받고 싶은 마음이 있다는 것을 알아야 한다. 이러한 갈급한 바람이 있기 때문에 우리 가슴깊이 숨어 있는 인정욕구와 사랑에 대한 간절한 바람을 심정대화로 풀어간다면 많은 사람들의 마음의 문제가 해결되면서 심정적인 안정과 기쁨을 되찾게 되는 것이다. 또한 심정대화를 통해 서로의 심정을 만나게되면, 잘못 이해하거나 오해하고 있던 일들을 풀어갈 수 있게 되고, 더 깊이 있는 마음으로 만나면서 상대방과 인간관계가 좋아지게 되는 것이다. (심수명, 유근준, 2012)

심정대화의 원칙

우리가 심정대화를 하기 위해서는 상대방의 말을 먼저 듣는다는 자세가 필요하다. 말하는 이의 입장에서 보고 느끼는 방식대로 그의 문제를 이해하고, 말하는 이의 입장을 상상하면서 듣는 자세가 필요하다. 그리고 심정대화는 자신이 말할 때와 경청해야 할 때를 잘 구분해야 한다.

들을 때

중간에 끼어들어 말을 끊지 않는다.

서로 대화하는 과정에서 상대방의 말을 끝까지 듣는 자세가 가장 중요하다. 대화 중에 미리 추측하고 말을 끊게 되면 말하는 사람의 입장에서는 거절, 무시를 당한다고 느낄 수 있다. 상황에 따라서는 상대방의 말이 훈계처럼 들릴 수 있으며, 이때 상대방은 좌절을 느끼기도 하고, 어떤 경우에는 거절감으로 인한 분노가 일어날 수 있다. 그러므로 가능하면 말을 끝까지 듣고, 만약 부득이한 상황에서 상대의 말을 막아야 한다면, 사전에 충분한 약속을 한 상태에서 중간에 차단하는 행동이 그 사람을 돕는다는 확신이 있을 때에 말을 끊는다.

대화과정에서 상대방을 무시하지 않는다.

서로 대화하는 과정에 상대가 어떻든 비난하는 마음으로 대하지 않는다. 말은 어떤 마음으로 대하는가에 따라 나오기 때문에 언제든지 상대방을 존중하고, 정성을 다한 마음으로 대화해야 한다. 대화 상대가 자신을 존중하지 않는 마음, 거절감을 느끼게 하는 표정 등은 자신이 수용 받지 못한다는 느낌이 들게 하는 것이라 생각할 수 있고, 그들은 마음을 닫아버리게 된다. 따라서 대화의 내용이 불편한 마음이 들게 하는 것이라 할지라도 즉, 긍정적이든 부정적이든 상대방이 항상 존중의 대상이 될 수 있도록 배려하고, 수용하는 자세를 취해야 한다.

말하는 이의 언어적, 비언어적 대화를 이해한다.

대화가 일치하는지에 대하여 잘 살펴야 한다. 특히 비언어적 대화 중에는 눈으로 말하는 것을 잘 보아야 한다. 상대방이 대화 중에 눈을 잘 맞추지 않고, 얼굴을 마주 하지 않으면 대화하기 싫다는 의미 일 수 있다. 이렇듯 비언어적 대화의 수단 중에 눈은 마음의 창이라 할 수 있으며, 상대방이 말하고자 하는 무언의 메시지이기도 하다. 그 외에도 말은 긍정적인 말을 하거나, 그 반대의 의미를 전달하고 있는데, 몸짓은 다른 부정적, 반대의 의미를 전달하기도 한다.

말할 때

말하는 이는 간결하고 분명하게 표현한다.

화자는 말하고자 하는 내용을 간결하고 명료하게 표현한다. 복잡한 내용을 전달하는 경우에는 여러 문장으로 나누어서 이해하기 쉽게 말한다. 자신이 전하고자 한 말을 다 전달하면, 그 말한 내용을 잘 이해하고 있는지 확인하는 것도 중요하다.

상대방과 논쟁하지 않는다.

대화하는 내용 중에 서로 주장하는 내용에 대해 동의하지 않을 수 있다는 사실을 인정하는 자세가 필요하다. 서로의 의견 중에 다른 반대의 내용을 주장할 수 있다는 것에 대한 인정하는 마음이 있어야 한다. 다른 의견에도 불구하고 상대가 다르고 다른 주장을 내놓을 수 있음을 받아들인다. 여전히 그 사람을 존중하는 마음과 상대방을 이해하고 있다는 느낌을 주도록 해야 한다. 불쾌한 마음이 든다고 할지라도 상대방을 조롱하기 위해 침묵하는 식의 행동이나 반대를 위한 반대는 논쟁을 불러일으키고, 상대방을 화나게 하는 것이며, 관계가 깨어질 수 있다.

존중하는 마음으로 지지한다.

상대방과 말을 할 때 가르치려는 태도나 자신의 말이 더 옳다는 식으로 주장하게 되면, 대화하는 상대방의 마음에 상처를 줄 수 있다. 이것은 상대방에게 굴욕감을 느끼게 할 뿐만 아니라, 진실한 대화를 할 수 없으며, 인격적인 만남이 될 수 없다.

심정대화 방법

요약하기(20%)

상대방의 말을 정확하게 이해하고 압축해서 말하는 이의 언어로 정리해서 다시 진술하는 것이다.

상대방의 심정 알아주기(70%)

상대방의 이야기를 잘 정리하고 요약해서 그의 마음상태가 어떠했는가를 느끼고, 그러한 상대방의 마음을 정서적으로 만난다. 그리고 그 다음에 그의 말을 참신한 말로 정리하여 다시 표현해 준다. 이렇게 말해주면 상대방과 마음이 통하게 되어 더욱 정서적으로 건강한 만남, 깊은 만남이 될 수 있다.

내 심정 전달하기(10%)

말한 이의 이야기에 깊이 공감하고 난 다음에는 자기 자신의 심정을 진솔한 마음으로 전달한다. 이때 지적이나 가르치는 말투가 아닌 무조건적인 수용의 자세로 긍정적인 말을 해야한다. (심수명. 유근준. 2012)

🌿 속마음 깊숙이 만나는 공감

공감의 개념

공감이란 말하는 사람과 듣는 사람이 같은 수준에서 그 마음을 만나고 느끼는 것을 뜻한다. 그 상대방의 마음으로 보고 느끼면서 그의 세계를 보는 것이라 할 수 있다. 또한 느끼고 깨달은 그대로 이해하여 그 사람의 감정을 알아내는 능력을 의미한다.

상대방이 말하는 내용을 판단하여 겉으로 드러난 면을 보고 판단하는 것이 아니다. 그의 깊은 속까지 들어가서 만나고 이해하고, 그 마음 안에 있는 상황을 일깨워 자각할 수 있도록 돕는 것을 말한다.

그래서 상대방의 문제점이 보인다고 해도 우선 그 사람 중심적으로 마음을 만나 그의 아픔과 슬픔 등을 어루만져주고, 격려와 지지를 통해 긍정적인 면을 찾아 마음의 문제를 회복하게 하는 과정이다. 또한 상대방의 가능성을 찾아낼 수 있도록 안내하는 것이며, 건강한 자아로 살아갈 수 있게 하는 통로이다.

동감과 공감의 차이

동감 : 동감이란 서로가 익숙한 사람들끼리 객관적인 성찰이 아닌

상대방의 정서적인 표현에 대하여 감정적으로 몰입하다가 상대방의 감정에 빠져 뒤섞이는 것을 말한다.

이렇게 감정적으로 뒤섞이다보면 상대방이 불쌍하게 여겨지는 마음 상태가 될 수 있는데, 그것은 말하는 이가 정서적으로 문제를 표출해도 두둔하는 동감상태가 되었기 때문이다. 그리고 듣는 사람이 상대방의 감정과 일치하여 자기의 감정조차 조절할 수 없는 것도 이에 포함된다. 이런 식의 대화는 상대방이 비난하는 그 사람을 같이 미워한다든지 그가 심정적으로 불편해하거나 성토하도록 원인을 제공한 그 대상을 향해 같이 뒷담화를 하면서 그의 심정에 동조하는 것이기 하다.

공감 : 공감이란 말하는 이의 마음으로 보고 느끼면서 그가 어떤 생각으로 말을 하고 있는지 그의 세계를 보는 것이다. 경청하는 사람은 상대방의 이야기에서 느끼고 깨달은 그대로 이해하여 그 사람의 감정을 알아내는 능력이다.

즉, 겉으로 드러난 내용을 가지고 판단하여 예측하거나 예단하는 것이 아닌, 그의 깊은 속까지 들어가서 그의 마음을 만나고 이해하는 것을 말한다. 이렇게 공감을 하게 될 때에 상대방은 자신의 문제까지 자각하는 과정을 거치게 된다. 그래서 상대방의 문제점이 보인다고 해도 우선 그 사람 중심적으로 마음을 만나 그의 아픔과 슬픔 등을 어루만져주고, 격려와 지지를 통해 긍정적인 면을 찾아서 마음의 문제를 해결하게 하는 과정을 거치게 하는 것이다.

공감 사용에 대한 주의사항

이해하는 척하지 말아야 한다. 진정한 공감은 "내가 제대로 듣지 못했습니다. 다시 한 번 이야기 해주세요."하고 솔직하게 말해야 한다.

무반응을 보이지 않는다. 듣는 이가 반응을 보이지 않으면, 말하는 이는 자기가 한 말이 반응을 얻을만한 가치가 없다고 여길 수 있다.

빈말처럼 여겨질 수 있는 상투적인 말을 피한다. 이러한 말투는 듣는 이가 말하는 사람의 문제를 하찮게 생각한다고 여길 수 있다. (심수명, 감수성 훈련 워크북, 2009)

공감의 유익

다른 상대방의 마음을 깊이 만날 수 있다. 공감을 하게 되면 충분히 서로를 이해할 수 있도록 하며, 누군가 자신의 마음을 깊이 이해해 줄 때, 위로와 삶에 대한 만족감이 살아난다.

인정과 존중을 받는 다고 생각한다. 상대방의 말만 이해하는 것이 아니라, 메시지 안에 숨겨져 있는 내담자의 심정을 알아차리고, 내면의 정서적인 교류가 이루어지게 된다. 이때 상대방은 자신의 마음을 만나주고 이해를 받는다는 생각에 만족감이 생기고, 인정과 존중을 받는다는 확신을 갖게 되는 것이다.

자각과 통찰을 일으키고, 새로운 행동을 하게 한다. 자기 자신의 입장에서 상대방을 보는 것이 아니라, 상대방의 입장에서 생각을 하고, 그의 심정을 느끼고 볼 수 있는 능력을 갖게 된다. 이렇게 공감을 하게 되면, 자신의 부정적인 감정이나 인정하고 싶지 않은 자신의 문제를 수용하게 되고, 자기 자신 스스로 통찰에 이르게 되어 새로운 행동을 하게 된다.

🌿 건강하게 표현하는 감정

감정표현의 개념

감정은 신체 내에서 다양한 변화가 일어나고, 이에 대해서 느끼는 것이다. 감정이란 자기 자신 안에서 체험되는 느낌이나 기분 등을 말한다. 그리고 이 감정에 대하여 느끼고 표현하는 것을 감정표현이라고 하는데, 이 감정표현은 자신의 감정과 기분을 느끼고, 그 것을 말로 표현하여 나누는 것을 의미한다. 자기 자신의 감정을 잘 표현하게 되면, 마음과 마음이 만남으로 인해서 분위기가 놀랍게 바뀌게 된다. 하지만 자신의 감정을 표현하지 않고 억압하게 되면, 자신이 대인관계를 형성하는 일에 있어 어색해지거나 관계의 어려움을 겪게 된다. 감정표현을 건강하게 해결하지 못하면 심인성 질환 또는 생리적인 문제를 일으킬 수 있다.

감정표현의 필요성

감정표현을 하는데 있어서 우리 정서는 억압이라고 할 수 있다. 이렇게 억압하는 감정은 쌓이면서 분노와 원망을 해소하지 못하고, 정서적으로 어려움을 겪게 된다. 감정표현을 잘 못하게 되면 관계 능력을 상실하게 만들고, 문제해결을 회피하면서 비인격적인 성격으로 나타날 수 있다. 특히 우리 정서는 상대방의 실수를 바로 처리하지 않고 살아가는 것을 덕이라 생각하는 문화이다. 그래서 앞에서 자신의 감정을 솔직히 표현하기보다는 뒤에서 험담과 미워하는 마음을 표현한다. 한국 문화는 대체적으로 진솔한 감정표현을 억제하고 사는 것을 교육처럼 받아왔다. 그러한 이유로 사람들은 부정적인 감정에 대해서 표현하는 것을 어려워하고, 이에 대하여 인정하는 것을 매우 힘들어한다. 그러나 자신의 감정을 순간마다 알아차리며 다스리는 것이 온전한 생활을 하는데 유익하며, 삶의 활력을 찾을 수 있다. 자기 자신의 감정을 느끼며 산다는 것은 자신의 감정을 느껴지는 대로 말하며, 감정에 지배당하라는 말이 아니다. 감정표현은 자신의 감정을 있는 그대로 인정하고 충분히 느낀 다음에 자신의 감정을 다루어가는 것을 의미한다.

그런데 사람들은 자신의 감정을 있는 그대로 표현하는 것을 두려워하거나 힘들어 한다. 왜 그렇게 감정 표현하는 것을 불편하게 느끼는 지를 찾아보면, 그 원인을 알 수 있다. 첫째, 보통 사람들은 감정을 직면하고 인정하기가 어렵다는 것이다. 둘째, 감정을 드러내서 말한다는 자체가 익숙하지 않을 뿐만 아니라, 감정을 드러낸다는 그 자체가 인내심이 약하고, 속이 좁은 사람이라고 치부될 수 있기 때문이다. 셋째, 감정을 밖으로 드러내서 말하기보다는 속에 묻어두고 살아가는 것을 전통문화라고 인식하는 것이다. 무엇보다 한국인들은 감정을 함부로 드러낸다는 것을 경박하고, 점잖지 못한 교육을 받아왔다라고 취급당할까봐 자신의 감정을 억제한다. 하지만 자신의 감정을 억압하고 살기보다는 억압하지 않고 표현을 잘 하게 되면 오해도 풀리고, 관계의 회복은 물론이고, 치료의 경험도 일어난다는 것을 알아야 한다.(심수명. 유근준. 2012)

자기 자신의 감정을 만나고 표현하기

첫째, 자기 자신의 감정을 만나고 있는 그대로 인정한다. 사소한 감정, 유치한 감정, 불쾌한 감정 등을 세심하게 받아주고, 억누르지 않은 상태, 그대로 인정하는 자세가 필요하다. 불편한 감정을 억누르면 오히려 억누를수록 격해지고, 분노폭발하게 된다.

둘째, 자신의 부정적 감정이 무엇인지 알아차리고 겉으로 표현하는 자세가 필요하다. 부정적인 감정이라고 생각이 들수록 거부하지 않고, 자신의 감정을 인정해 주는 자세가 필요하다. 이렇게 자신의 감정을 만나게 되면 긍정의 마음을 통해 내면의 힘을 키울 수 있다.

셋째, 부정적 감정이 드는 것을 마치 자신의 것이라고 동일시하지 않는다. 화내는 자신이 전부 내 자신이 아니며, 자신 안에 큰 슬픔이 있는 것이 전부 내가 아니라는 것을 암시하고, 말로 표현한다.

상대방의 감정을 만나기

첫째, 상대방이 말한 이야기의 내용을 듣고 확인한다. 상대방의 말을 정확하게 객관적으로 사실만을 확인하는 과정이다.

둘째, 상대방 내면에 담겨 있는 이야기의 의미를 알아듣는다.

셋째, 상대방 이야기에 담겨 있는 마음의 상태를 알고 수용한다. 즉, 말하는 이의 기분을 충분히 만나고 수용한다.

넷째, 상대방이 말하는 내용을 충분히 듣고 그 내용에서 그의 성격을 알아낸다.

다섯째, 상대방 이야기에 담겨있는 숨은 뜻을 알아내어 그가 가지고 있는 기분을 느끼고 알아챔으로써 그의 상황에 맞게 그를 칭찬하거나 격려를 하고, 지지, 인정하는 자세를 적극적으로 취한다.(심수명, 유근준, 2012)

습관적 패턴을 알아내는 자기 자각하기

자각의 개념

자각이란 자신의 마음, 신체, 사고하는 과정이 어떠한 상태에 있는가를 스스로 인식하는 것을 의미한다. 자각은 자신의 욕구나 감각, 감정, 생각, 행동, 환경, 상황 등을 지금 이 순간에 알아차리는 것이다.

이처럼 자각은 우리의 중요한 내적, 외적 상황에 대해 객관적이면서 현실적으로 알아 가는 것이다. 자신이 지금 어떠한 자세를 취하고 있으며, 무엇을 어떻게 보고 느끼며, 생각하고 있는가를 스스로 알아차리는 과정이다.(심수명, 2009)

자각의 종류

신체감각 자각 : 자기 자신의 신체가 어떤 상태에 놓여 있는지 바로 알아차리는 것이다. 보통 신체감각은 욕구나 감정자각과 연결되어 있는데, 신체감각에 대하여 자각하지 못하는 경우, 그들은 자기 자신의 신체에 대한 자각을 제대로 하지 못하여 긴장하고 있거나 불편한 상태인데도 불구하고 오히려 편안함을 느끼고 있

다고 잘못된 생각을 한다. 그렇기 때문에 자신의 신체감각을 자각한다는 것은 자신의 욕구를 제대로 이해하게 되면서 내외적으로 자신의 욕구와 실제 가지고 있던 감정상태를 인정할 수 있는 단계에 이르게 될 수 있다.

욕구자각 : 사람들은 자신이 원하는 것이 무엇인지 명확히 알지 못하게 되면, 행동의 목표를 잃고 혼란스러워 할 수 있다. 욕구자각이 어려운 이들은 어린 시절부터 타인에 의해 억압을 당하고, 이로 인해서 자기 자신의 욕구를 억누르면서 성장을 하게 되었을 때에 이 패턴이 학습이 되고, 굳어지면서 자신의 욕구를 자각하는데 어려움을 겪게 되는 것이다. 다시 말하자면 자신의 욕구를 억압하고 타인의 기대나 도덕적 기준에 의해서만 행동해왔기 때문에 진정한 욕구를 자각하는 것이 어렵게 된 것이다.

감정자각 : 감정은 자기 자신의 욕구와 관련하여 주관적으로 체험하는 것이며, 이것은 욕구와 서로 밀접하게 관련되어 있어서 욕구가 성취되었을 때는 좋은 감정을 느끼고 그렇지 못할 때는 불쾌한 감정을 느끼게 된다. 불쾌한 감정을 느끼는 것이 싫어서 그 감정을 억압하거나 회피하게 되면 오히려 문제가 되는 경우가 많다.

환경자각 : 환경자각이란 주위 환경에 무엇이 있는지, 자기 주변에 어떤 일이 일어나고 있는지에 대한 자각을 말한다. 이렇게 환경자각을 못하는 경우 환경과 접촉을 하지 못해 여러 가지 좋은 상황을 감지하지 못하고 놓쳐버리는 일이 생기게 되는 것이다.

상황자각 : 자기 자신에게 놓여 진 현재 상황을 있는 그대로 알아차리고 느끼는 것을 의미한다. 자신에게 호의적인 상황이 전개된

다고 해도 그 상황을 악의적인 것으로 잘못 알거나 혹은 그 반대로 왜곡하여 잘못 자각하게 되면 부정적인 문제를 만들어 낼 수도 있다.

사고패턴 자각 : 자신이 겪은 과거 경험을 할 때에 부정적인 사고를 하는 사람의 경우, 그들의 고정된 사고패턴이 상황에 따라 악영향을 끼칠 수 있다. 현재 자신에게 벌어지고 있는 상황을 있는 그대로 보지 못하고, 과거 자신의 부정적인 경험을 토대로 잘못된 판단을 함으로써 올바르게 자각을 할 수 없게 되면, 다른 외부 환경과의 올바른 소통을 할 수 없게 된다.

행동패턴 자각 : 행동패턴 자각에 어려움을 겪는 사람들의 대체적인 공통점은 냉정한 부모에게서 성장하면서 지지와 격려, 애정에 목말라 한 경우에 나타난다. 이들은 충족되지 못한 욕구를 채우고자 무던히 노력하고, 인정받고 싶은 욕구에 의해서 행동을 패턴화하는 경향을 보인다. 그래서 이러한 욕구 때문에 항상 착한 사람이 되려고 하며, 누구에게나 친절을 베풀고, 자신의 바람을 억누르게 된다. 결국 자신의 채우지 못한 욕구 때문에 부정적인 면으로 나타나게 되어 부정적 행동패턴을 보이게 되는 것이다.(심수명, 2009, 40~42)

훈련과 적용

"나는 지금 무엇을 하고 싶다."라는 문장을 만들어 본다. 이때 막연하고 추상적인 표현을 하지 않는다.
현재 느끼고 있는 구체적이고 분명한 욕구를 자각하여 표현한다.

"나는 쉬고 싶어 하는 신체적 피곤을 자각합니다."

"나는 분노로 몸이 떨림을 느낍니다."

"나는 선생님께 인정받고 싶은 욕구를 깨닫습니다."

이처럼 지금 여기에서 느끼는 구체적이고 분명한 욕구를 자각하고 표현한다. 자기 자신의 욕구와 감정을 다스릴 수 있도록 훈련을 한다.(심수명, 감수성 훈련 워크북, 2009, 42)

6장

자녀 문제행동의 원인을 이해하고
훈육 방법을 터득하라

자녀들의 일탈행동에 대한 그 원인이
어디에서 비롯 되었는가를 알아보고, 그 근원을 찾아 문제를 해결한다.
또한 가정에서 자녀의 문제행동에 대하여 이유를 밝히고,
자녀들을 올바르게 양육할 수 있도록 문제를 해결할 수 있는 대안을 찾는다.

🌿 문제행동의 원인을 이해하기

문제행동을 하는 이유(원인)

아이의 모든 행위에는 목적이 있다.

아이는 이득이 생기지 않는 일에는 절대로 에너지를 쏟지 않는다.

아이의 기본 목적은 가족 안에 또는 함께 하는 집단 안에 소속되거나 그 안에서 자신의 위치를 찾는 것을 원한다.

문제행동을 하는 아이는 자신이 원하는 소속과 인정을 얻을 수 있다는 믿음을 상실하고, 행동의 잘못된 목표를 추구하여 도발적인 행동을 함으로써 사회적 수용을 얻을 수 있다는 그릇된 믿음을 가지게 된다.(아들러 코리아, 행복한 부모되기, 인용)

문제행동의 과정

시선끌기

"내가 가족으로부터 관심을 받을 때에 소속감을 갖게 된다."

능동적인 아이는 골칫거리, 성가신, 어릿광대로 행동한다.

수동적인 아이는 게으른 아이가 된다.

대처하는 방법

- 예상치 못한 행동을 하면, 안아 주고 아이의 마음을 만난다.
- 아이들이 유익한 행동에 관심을 돌리게끔 유도한다.
- 아이와 비언어적인 신호를 미리 정해 놓고, 아이가 시선끌기를 하면 이를 적용한다.
- 평소와 다른 친절함을 베푸는 것은 상대방을 조종할 수 있는 방법을 습득하는 것으로써 이러한 친절은 피하는 것이 좋다.
- 아이에 대한 믿음을 보여준다.
- 대화는 이어 나가되 아이의 행동은 무시한다.
- 말하지 않고 행동으로 옮긴다.
- 아이와 함께 규칙적으로 특별한 시간을 보낼 수 있도록 스케줄을 잡는다.(아들러 코리아, 행복한 부모되기, 인용)

반항하기

"나는 보스다. 만약 내가 보스가 안 되면 함께 있지 않을 거야"

능동적인 아이는 반항자가 된다.

수동적인 아이는 고집 센 아이가 된다.

대처하는 방법

- 힘을 쓰는 것은 나쁜 것이 아니라 건설적으로 쓰이도록 유도한다.

- 힘겨루기에 한발 물러나 냉각기를 갖는다.
- 아이를 내 마음대로 할 수 없다는 사실을 받아들이고, 둘 모두 좋은 해결방법을 찾을 수 있도록 아이의 도움을 구한다.(아들러 코리아, 행복한 부모되기, 인용)

앙갚음하기

"사람들이(가족이) 나를 좋아하지 않는 구나"

"그렇다면 내가 그들을 먼저 손 볼 거야"

자신이 계속 희생만 당하면서 있다는 건 공평하지 않다고 불평을 한다.

대처하는 방법

- 시간을 갖되 온전히 이해하는 태도를 갖는다.
- 무엇이 아이에게 상처를 주었는지를 생각해 본다.
- 아이가 상처 입은 감정에 대해 공감하고 그 감정을 이해해 준다.(아들러 코리아, 행복한 부모되기, 인용)

무능함 가장하기

자신이 가망이 없다고 생각한다.

완벽주의자가 여기에 속한다.

대처하는 방법

- 아이가 성공을 경험할 수 있도록 필요한 기초를 쌓아 나간다.

- 아무리 사소하더라도 긍정적인 시도라면 기꺼이 인정해 준다.
- 아이의 장점에 초점을 맞춘다.
- 잘 하지 못하더라도 포기하지 않는다.
- 형제나 단짝 친구의 도움을 받도록 한다.(아들러 코리아, 행복한 부모되기, 인용)

아이의 목표 알아내기

만약 아이가 꾸중에 반응하고 자신의 행동을 멈춘다면, 그 아이는 관심을 얻고자 했다는 것이다. 그러나 아이는 관심을 더 많이 얻으려고 그 행동을 다시 시작할 수도 있다.

만약 아이가 꾸중을 들었으면서도 똑같은 행동을 계속 하고 있다면 분명 아이는 반항하기를 하고 있다는 것을 알아야 한다. 아이는 행동을 더 심하게 나타낼 수도 있다.

꾸중을 들었을 때 아이가 화를 내고 욕을 한다면, 아이는 부당하게 꾸중을 들었다고 느끼게 되고, 앙갚음을 생각하게 된다.

꾸중을 듣고 난 다음에 아무 것도 하지 않고 있다면, 아이는 무능함을 가장하기 시작했다는 것이다. 이것은 상대방에게 부적절하다는 것을 보이기 위한 행위라는 것을 말하는 것이다.(아들러 코리아, 행복한 부모되기, 인용)

🌿 문제행동에 대한
구체적인 훈육 방법을 적용하기

분노를 잘하는 아이들

> "우리 아이는 분노를 참지 못해 공격적이고, 동생을 때려요. 언성을 높이고, 장난감을 집어 던져요."

분노는 자신의 상처 받은 마음을 숨기기 위한 하나의 표현 방법이라 할 수 있다. 또는 자신에게 관심을 보이지 않고, 자신이 필요하다고 하는 것을 무시하거나 들어주지 않았을 때에도 분노하게 된다. 아이들은 자신의 분노에 대한 이유가 있으며, 자신이 왜 분노를 하고 있는지에 대한 적당한 이유를 가지고 있다. 아이들이 과잉보호를 받거나 통제를 당하거나 의사결정을 박탈당할 경우에 분노로 표현하기도 한다. 또한 학대를 당하는 아이, 부모가 아이에게 공격적인 행동을 하는 경우에도 같은 방식으로 화를 낸다. 그런데 이때 부모들은 당황하거나 도전 받는다는 생각에 더 큰 분노와 협박을 함으로써 자녀를 통제하려 하는 상황을 만들어 더욱 안 좋게 만든다.

생활 속의 실전

✓ 아이가 화가 났을 경우에 우선 아이에게 묻는다.

"○○아, 너를 화가 나게 한 이유가 뭘까? 엄마에게 말로 표현해 줄 수 있니?"

아이가 왜 분노하고 있는지 아이의 마음을 읽어주고자 하는 모습을 보인다. 그러나 아이가 흥분한 상태에서 자기표현을 하는데 어려움을 겪을 수 있다. 이때는 잠시 숨을 고른 후에 이야기를 할 수 있도록 한다.

✓ 분노의 이유를 알아냈다면

그 아이가 원하는 것, 자기 뜻을 이루고자 하는 것을 이야기 하게 하여 분노를 누그러뜨릴 수 있게 한다. 만약 다투고 있었다면 형평성에 어긋나지 않게 한쪽 편을 택하지 않고, 양쪽의 이야기를 듣는다. 아이가 어릴 경우에는 한쪽에 앉혀 놓은 다음 어느 정도 진정된 후에 왜 화가 났는지에 대하여 이야기를 나눈다.

✓ 자녀에게 자신이 분노한 마음을 아이들이 느끼도록 표현하는 방법을 보여준다.

"지금 엄마는 화가 났어. 엄마는 00이 때문에 화가 났지만 때리기보다는 이야기를 하는 것이 올바르기 때문에 참고 있는 거야!"

이렇게 아이가 분노를 어떻게 통제하는지를 배울 수 있도록 시범을 보이는 것이 좋다.

✓ 분노의 감정이 커서 해소가 되지 않거나, 어찌 할 수 없는 상황
　이 되었을 경우

주변의 대상물, 예를 들어 베개 같은 것을 주먹으로 때리거나 좋아하는 운동기구를 가지고 화를 가라앉히는 방법도 좋다. 지금 예를 든 것 외에 여러 방법들을 고안하여 분노를 해소하게 하는 것도 좋다.

반항하는 아이들

> "어떻게 하면 좋아요. 우리 아이는 말을 잘 듣지 않아요. 여러
> 방법을 다 동원했지만 소용이 없어요. 체벌도 통하지 않고, 오
> 히려 반항을 하네요."

이런 경우 서로 힘을 겨루고 있는 상황이라 할 수 있다. 반항적인 아이는 부모가 너무 통제를 하려고 하거나 허용적인 부모에게서 나타날 수 있다. 이런 반항적인 아이는 부모가 너무 강압적으로 통제하려고 한다든지 아니면 자신이 저항하고, 불편한 상황을 만들면 부모가 요구를 들어주는 경험을 함으로써 반복적이고도 다루기 힘든 아이가 되는 것이다.

✓ 아이들이 반항하는 이유 중에 부모가 지나치게 통제를 하려고 한다든지 일일이 간섭하려는 부모에게서 나타나는 반응이라 할 수 있다.

✓ 아이들이 왜 반항적인 모습을 보이는지 그 아이의 입장이 되어서 생각한다. 부모가 통제적이거나 과보호적이거나 아니면 형제간에 소외감을 느껴서 반항심을 부추긴 것은 아닌지 아이의 입장에서 추측해 본다.

✓ 일부 아이들 중에 매를 맞을 때까지 고집을 부리는 경우가 있다. 이것은 매를 맞아야만 흥분을 가라앉히도록 훈련이 되어 있어서 그런 것이다. 이렇게 습관이 된 아이에게 매를 드는 대신 꼭 안아주는 것도 좋은 방법이다. 아이가 흥분을 가라앉힐 때까지 놓지 않고 있어야 한다. 그리고 부모는 아이에게 지금까지 체벌을 한 것에 대하여 진심으로 사과하고, 사랑한다는 말을 반드시 전한다. 부모가 진심어린 사과를 할 때 아이의 마음에 부모가 자신을 사랑하고 있다는 것을 인정하게 되고, 아이의 마음은 자신이 존중 받고 있다는 것을 느낄 때, 아이의 행동이 개선될 것이다.

✓ 아이들에게 부모는 명령을 하기 보다는 우선 아이가 무엇을 해

야만 하는지에 대하여 묻는 것이다. 아이들이 명령을 받을 때, 종종 반항하는 경우가 있는데, 이렇게 명령에 대한 반항에서 스스로 문제를 해결하게 하여 갈등을 해소한다. 또 다른 방법으로는 자신의 감정을 아이에게 솔직하게 말하는 것이다. 나 메시지로 전하는 것이다. "엄마는 지금 00이가 반항하니까 엄마의 마음이 아주 많이 속상하네. 00이가 왜 무엇 때문에 속상했는지 그 이유를 말해주겠니?"

자녀들 간에 잘 다투는 아이들

"우리 아이들이 자주 말다툼을 해요. 내가 말리면 손을 뿌리치면서 싸워요. 어떻게 해야 할지 당황스러워요!"

보통 아이들이 말다툼이나 싸움을 하게 되면 부모들이 개입을 하게 된다. 이렇게 끼어들게 되면 아이들에게 경쟁심을 불러일으키게 되는데, 이것은 아이들의 경쟁심을 부추기는 결과를 낳게 된다. 이 아이들의 심중에 있는 문제를 해결할 수 있도록 도와줄 수 있는 방법은 행동과 행동 뒤에 숨겨진 의도를 파악해내는 것이다. 왜 형제들, 형제자매들이 말다툼을 하는가에 대하여 이해하는 것이 가장 중요한데, 예를 들어 형제간에 서로 상처를 주거나 받는 상황에서 자신이 받은 상처를 되돌려주려고 하는 의도에서 싸울 수도 있다. 아이 중에 공평하게 대접을 받지 못하고, 차별을 받았다고 생각하면 이러한 마음의 불편한 부분을 싸움으로 해결하고자 하는 행위일 수 있다. 또는 아이들이 싸움을 통해서 자신들의 자리를 찾기 위해 싸우는 것일 수도 있다. 이때 아이들이 가지고 있는 잘못된 존재감에 대하여 고쳐주기 위해 다른 좋은 방법을 가르쳐 주면 자녀들 간의 싸움은 많이 줄어들 수 있다.

생활 속의 실전

✓ 어느 한쪽 편을 들게 되면 아이들 간의 경쟁이나 싸움은 더욱 커질 수 있다. 그렇기 때문에 동등한 입장에서 아이들의 문제를 다루어야 한다.

✓ 다툼을 멈추지 않고 심하게 싸우면 아이들을 각자의 방으로 들어가게 하고 진정이 될 때까지 나오지 않게 한다. 그리고 마음이 가라앉으면 나와서 자신들의 이야기를 할 수 있게 한다.

✓ 부모는 아이들에게 무엇 때문에 싸우게 된 것인지 물어보고, 해결 방법을 이야기 해 보는 방법도 좋다. 단 부모는 아이의 입장에서 자녀의 마음을 헤아려 주어야 한다. 아이의 마음을 헤아려 줄 때 아이는 자신의 심정을 말할 수 있는 상태가 된다.

✓ 보통 부모들은 자신도 모르게 비교를 하는 경우가 있다. 예를 들어, "너도 언젠가는 형처럼 잘 할 수 있을 거야! 네 마음 모르는 게 아니야, 이해할 수 있어." 그런데 여기서 아이의 마음을 이해한다고 말한 이 내용이 아이에게는 본의 아니게 서로를 비교하게 된 것이다. 이렇게 되면 이해와 위로 또는 격려가 아니라 아이의 마음을 좌절시키는 결과를 나타내어 경쟁심을 불러일으키게 된다.

체벌을 하는 부모와 당하는 아이

> "아이가 동생을 괴롭히고 때리기까지 합니다. 그래서 아이를 붙들고 혼을 내도 바뀌지 않아서 매를 댔는데 절대 잘못했다고 말하지 않네요. 어떻게 하면 좋아요."

보통 아이들이 유아기에 때리는 행위는 발달적으로 정상적인 행동이다. 이 경우에는 부모가 아이에게 부드럽게 타일러 주면서 단호한 태도로 말해주면 된다. 이후 아이가 성장하면서 감정에 상처를 입었을 때에 타인을 때리는 행동을 하게 된다. 유치원이나 어린이 집에서 친구들을 밀거나 때리는 일이 일어나는데 이러한 상황에서 부모는 아이를 엄하게 꾸짖거나 엉덩이를 때리는 행동, 심하게 처벌을 하게 된다. 잠시 아이들이 그 순간 매가 무서워서 말을 듣는 것 같지만 마음에 분노만 쌓이게 된다. 특히 아이들의 특성 가운데 부모가 자식의 훈육을 위해 엄한 체벌을 가하지만 이러한 체벌을 그대로 배워서 상대방에게 같은 방법으로 공격하는 모습을 보인다는 것이다. 예를 들어 아이가 상대방을 때리는 일이 생겼을 때, 때리는 것이 얼마나 안 좋은 것인지 가르치겠다고 엉덩이를 때리면 분노만 생기고, 오히려 그 행위를 배우게 된다.

생활 속의 실전

✓ 5세 미만의 경우에는 아이가 문제 행동을 했을 때, 우선 아이를 안아주고 말을 한다. 사람을 때리는 것은 옳지 않다는 사실을 가르치거나 사랑의 본보기를 보인다. 잘못된 행동에 대하여 따뜻함으로 포용하는 것은 그 이상의 행동을 악화시키지 않게 된다.

✓ 어린 아이들이 상대방에게 때리는 행위를 하게 되면, 아이가 당황스럽지 않게 바로 손을 잡고 부드럽게 만져야 한다고 하면서 그 손으로 직접 만지게 하는 것도 좋은 훈육이 된다.

✓ 5세 이후 아이가 엄마를 때리는 행동을 반복적으로 했을 때는 아이가 엄마를 때리는 행위를 하면 엄마는 방에서 나갈 것이라고 말한다. 그리고 같은 행위를 하게 되면 방에서 나온다. 이런 방법을 통해 아이가 엄마를 존중하는 마음을 가질 수 있도록 지도한다. 그러나 아이가 방에 있는 것을 두려워한다면 억지로

방에 있게 하기보다는 엄마의 마음을 정확하게 전달한다. "OO이가 때리는 것은 사람을 아프게 하는 거야, 엄마는 OO이가 때리면 또 방에서 나갈 거야!"

✓ 아이에게 엄마가 기분 상하게 하거나 상처를 준 일이 있다면 사과할 수 있게 알려달라고 하는 방법도 좋다. 그리고 아이에게도 똑같은 방법으로 엄마에게 사과하면 기분이 더 좋아지고 편한 마음이 생길 것이라고 말을 한다. 그런데 여기서 아이에게 사과를 강요하게 되면 오히려 역효과가 나올 수 있다. 아이의 마음을 읽어 가면서 심정을 만나주는 것이 아이에 대한 존중하는 자세가 되는 것이며, 아이는 이러한 행동을 배우게 된다. 특히 아이를 때리지 않음으로써 아이에게 때리는 행동이 옳지 못하다는 것을 자연스럽게 가르치는 것이다. 실수로 아이를 때리게 되면 반드시 사과를 함으로써 부모의 폭력도 옳지 않다는 것을 배우게 한다. 어떤 부모는 매를 대야만 아이가 안좋은 버릇을 고칠 수 있다고 생각한다. 그러나 아이는 분노만 쌓이게 되고, 수치심과 거절감으로 상처받은 아이가 되는 것이다.

✓ 부모가 아이에게 잦은 잔소리나 꾸짖음 또는 매를 대는 것으로 인해서 상처를 주고 있는가를 살펴봐야 한다. 이런 환경에서 성장하는 아이는 자신도 모르게 상대방에게 폭력을 쓸 수 있다. 이때 아

이의 마음을 헤아리고자 하는 마음으로 문제가 어디서 발생했는지 원인을 찾아내는 것도 중요하다. 이렇게 아이의 마음을 이해했을 때에 부모의 행동을 멈추고, 긍정적인 태도로 아이를 격려하여 행동의 악순환을 끊을 수 있도록 한다.

✓ 아이들 중에 자신의 감정을 공격성으로 나타내거나 폭력적인 모습을 보이는 경우가 있다. 그런데 이런 아이의 모습을 보게 된 부모는 엄한 훈육을 통해 버릇을 고치겠다는 생각을 하는데, 이렇게 행동으로 옮기기 전에 왜 이런 행동이 나오게 되었는지 반드시 알아내야 한다. 이러한 행동을 하는 이유에는 부모의 태도에서 찾을 수 있다. 부부싸움이 잦거나 강압적이고 엄격한 부모 밑에서 자란 아이들이 자신의 감정을 폭력적이거나 공격적인 방법으로 표출하는 것이다. 또한 부부가 대화할 때 크게 소리 지르는 일이 잦고, 아이의 행동을 지나치게 통제하면서 자신의 방법을 강요할 때라든지, 부부간에 언행을 조심하지 않고 무시하는 행동을 하게 되면, 이러한 주변 환경에 아이가 영향을 받아 그런 표출 방식을 보이게 된다. 이럴 때 부모는 문제의 원인을 먼저 해결하거나 차단하고, 개선하는 자세를 보여야 한다. 이후 아이가 계속해서 같은 행동을 할 때, 아이의 잘못에 대해서도 조용하고 단호한 목소리로 아이의 행동에 대한 문제점을 지적해주고 잘못한 것을 알게 한다.

우리 아이가 자위를 해요.

"어떻게 하면 좋을까요? 다섯 살 난 우리 아이가 젖꼭지를 자꾸 만져요. 못하게 말려도 자기 젖꼭지를 계속 만져요."

보통 유아기 초기에서 6~7세 정도의 아이들은 특정 형태의 부분에 대하여 관심을 갖고 탐색하는 행위를 하곤 한다. 이때는 아이들이 성기를 탐색하는 행위나 다른 특정 부분에 대하여 집착하는 모습에 당황스럽기도 하겠지만 이러한 행동은 이 시기에 정상적인 행동이라 할 수 있다.

생활 속의 실전

✓ 부모가 아이의 자위하는 것을 문제 삼게 되면 오히려 더 상황을 악화시킬 수가 있다. 7세 이전의 아이에게 관심을 갖고 나무라기보다는 무관심한 모습을 보이면 어느 순간 사라지는 것을 볼 수 있다.

✓ 아이가 아무데서나 고추를 만지작거리면 부모의 입장에서는 몹시 당황스러울 것이다. 그런데 이때 집으로 돌아와서 이 문제를 놓고 심하게 나무라면 아이는 혼이 날 때만 잠시일 뿐이지 다시 만지작거린다. 남자아이를 키우는 엄마들에게서 흔히 들을 수 있는 이야기이기도 한데, 이 상황에서 엄마는 아이에

게 고추를 닦으러 가자고 말을 한다. "00아 고추가 많이 가려워? 그러면 닦아줘야 해!" "또는 그 곳을 만지면 몸에 좋지 않아, 다시 가서 닦자!" "○○이가 밥을 먹어야 하는데, 또 만졌네. 가서 손 닦자!" 이러한 방법을 사용해서 아이가 부담을 가질 수 있도록 하면 어느 순간 자위하는 아이의 모습이 사라질 것이다. 여기서 가장 주의해야 할 일은 고추를 만지지 말라고 주의를 주게 되면 아이가 더 부담을 가질 수가 있다. 그렇기 때문에 아이에게 경고성의 말을 하기 보다는 식사하기 전에 고추를 만지면 다시 손을 닦아야 한다고 말을 하면서 아이가 수고스러운 일이고, 귀찮은 일이라고 생각이 들도록 해야한다.

✓ 아이들이 자신의 고추나 다른 신체부분에 집착하게 되는 이유 중에 엄마가 아이를 억압하는 경우에 그렇게 된다. "○○아, 뭐뭐 하지마!" "너 왜 옷이 더러워지는데 흙장난을 하고 그러니!" "○○아, 동생 자꾸 만지지 마!" "○○아, 뛰지마, 그러면 밑에서 사람들이 올라온단 말이야!" 아이가 모든 하는 일에 대하여 간섭을 하거나 제재를 한다면 그 아이는 다른 일에 몰두하기 보다는 자신의 신체에 몰입하게 되는 것이다.

✓ 어린 아이의 경우 주의를 분산시키는 방법을 도입하는 것도 괜찮을 수 있다. 앞에서 언급했듯이 하지 말라고 하는 일에 부담을 느끼게 되면 아이가 할 수 있는 일은 한정되어 있다. 특히

자위는 아이가 몰입할 수 있는 유일한 낙이 될 수 있다. 아이가 좋아하는 일을 하지 못하게 하기 보다는 시간을 좀 더 늘려서 아이의 행위를 신체에서 다른 좋아하는 일로 분산시키는 것이다. 이렇게 되면 어느 순간 아이의 자위가 사라진 것을 보게 된다. 예를 들어 아이가 밖에서 뛰어놀게 한다든지, 공원에서 실컷 놀이를 하거나, 자전거를 타게 하고, 장난감을 가지고 놀게 하는 것도 좋은 방법 중에 하나라 할 수 있다.

부모의 칭찬에 성장하는 우리 아이

"어떻게 하면 좋아요. 우리 아이가 학교에서 욕을 하면서 옆에 친구를 때렸다고 하네요. 수업도 불성실하게 받고, 선생님이 걱정스럽다고 말을 하네요."

아이가 성장하는 과정 중에 엄마가 직장에서 스트레스를 받고 집에서 육아까지 담당하다 보면 자신도 모르게 아이에게 짜증을 내고, 화풀이를 하는 경우가 흔히 일어난다. 심지어는 아이에게 심한 매를 대는 일도 있다. 이렇게 되면 아이는 마음에 분노가 쌓이게 되고, 이러한 분을 다른 대상에게 풀어놓게 되는 일이 흔히 일어나게 된다.

생활 속의 실전

✓ 아이들은 칭찬과 격려를 먹고 자란다는 것을 알아야 한다. 아이를 키우다 보면 하루에도 몇 번씩 야단을 쳐야 하는 상황이 벌어지게 된다. 아이는 실수를 반복하면서 성장하기 때문인데, 이런 상황에서 칭찬과 격려를 통해 바르게 성장하게 된다. 야단과 질책은 아이들의 성장을 방해하게 되고, 이러한 문제에 대하여 지나치게 문제 삼게 되면 성장에 아무런 도움이 될 수 없게 된다.

✓ 아이들이 칭찬을 자주 듣게 되면 자신감이 있고, 자존감이 높은 아이로 성장하게 된다. 어느 상황에서도 옳고 그름에 대한 의견이나 합리적인 판단을 통한 자신의 목소리를 낼 줄 아는 사람이 될 수 있다. 또한 주변에 상처 입은 친구를 위로하고, 도움을 필요로 하는 친구에게 다가갈 수가 있다. 반면에 꾸중과 비난을 당하며 자란 아이는 자신감이 부족하고, 부정적인 시각으로 바라보는 성향을 가지게 된다.

✓ 보통 엄마들이 우리 아이에게 좋은 습관을 만들어 주겠다는 마음으로 잘못을 지적하거나 심한 꾸중을 하게 된다는 것이다. 이 방법은 엄마 입장에서 보면 우리 아이가 잘못될까 봐, 혹시 다른 아이에 비하여 뒤처지는 것은 아닌지, 제대로 인성이 만들어지지 않을까 하는 염려 때문이다. 이러한 걱정이 아이에게

꾸중과 비난, 질책이 따라오고, 심한 잔소리를 하게 되는데, 오히려 칭찬과 기대는 힘을 실어주고, 자녀는 그에 따른 기대에 부응하기 위해 바람직한 모습으로 성장하게 된다는 것을 알아야 한다. 이렇듯 부모의 칭찬과 격려는 아이의 성장에 너무나 중요하고 필요한 성장 요소임을 알아야 한다.

변덕이 심한 우리 아이

"아이가 나쁜 행동을 해서 잔소리를 했어요. 그런데 아이가 기분 나빠서 그랬는지 '나, 놀이공원에 같이 가지 않을 거야.'라고 말을 하는 거예요. 이런 일이 오늘 일만은 아니에요."

오랜만에 가족들이 외출하는 날 갑자기 막내 아이가 토라져서 같이 외출을 하지 않겠다고 방에서 나오지를 않고 버티는 일이 생기면 여간 난처한 일이 아닐 수 없다. 벌써 여러 번 이와 유사한 상황이 벌어졌었다. 이것은 막내 아이가 자기 마음에 들지 않으면 아무 때나 떼를 쓰고 토라지는 버릇이 생겼기 때문이다. 이러한 아이의 버릇을 어떻게 고칠 수 있는지 좋은 방법을 생각해 본다.

생활 속의 실전
✓ 이때 아이가 토라져 당황스러운 행위를 하면 이러한 행위에 대

하여 들어주는 부모의 자세는 오히려 더 악화시키는 결과를 가져온다. 아무것도 아닌데 자기 방에서 우는 행동, 즐겁게 친구들과 장난을 치다가 소리를 지르며 토라지는 아이, 친구들과 이야기 하다가 갑자기 분노를 드러내는 행동 등 종잡을 수 없는 행위에 부모는 난감하고, 걱정스럽기만 하다. 이런 경우 부모는 아이의 성격 탓이라고 돌리는 경우가 많다. 다른 아이에 비해서 타고나기를 예민한 성격으로 태어나서 잘 토라진다고 생각하게 된다. 하지만 보통 이러한 행동을 하는 아이들은 성격 문제가 아니라 이것은 버릇이라 할 수 있다. 성장과정에서 잘못 배우게 된 하나의 습관이다. 결국 이에 대하여 어떻게 대처하는가에 따라 버릇을 고칠 수 있다는 것을 알아야 한다. 이러한 행위를 계속해서 보일 때는 떼를 쓸 때 하는 말에 대하여 스스로 책임을 질 수 있도록 단호한 모습을 보여야 한다.

✓ 아이가 떼를 쓰거나 주변을 난처한 분위기로 몰고 가는 상황에서는 상실감을 경험시킴으로써 자신의 잘못을 깨닫게 한다. 아이가 토라지는 이유는 부모에게 원하던 것을 얻지 못했을 경우에 벌어지는 문제라 할 수 있다. 아이는 자신의 마음을 몰라주는 부모에 대한 불만을 토라지는 것으로 표현하는 것이다. 일종의 항의의 표시를 하는 것이다. 이때에 부모가 일관성 없이 우유부단한 모습을 보이게 되면 아이는 토라지거나 떼를 쓸 때마다 자신이 얻고자 하는 일이 해결된다고 생각하게 된다. 이

것이 아이의 토라지는 습관을 더욱 강화시키는 것이다. 이런 경우 아이가 잘못된 행동을 하는 즉시 무관심한 모습을 보이면서 아이가 하는 행위에 대한 반응으로 감정싸움을 하기보다는 냉정하다고 느껴질 정도로 단호한 행동을 보여 준다. 예를 들어, "나 같이 영화 보러 안 가!"라고 했을 때, 같이 보러가자고 계속해서 달래는 것보다 그 말에 책임을 질 수 있게 그대로 가족들이 영화를 보러 가는 것이다. 아이는 자신이 한 말에 대하여 지킬 수 있도록 집에 혼자 놔두고 가게 되면, 그 이후 자신의 행위에 대한 느낀 점이 아이의 태도를 변화시킨다.

✓ 실재 어렸을 때부터 잘 토라지는 사람은 성인이 되어서 직장생활을 원만하게 할 수 없는 것으로 나타났다. 한 회사에 3년을 넘기지 못했다. 상사의 말이 서운하고 동료의 행동이 섭섭하다는 것을 표현한다. 이런 자신의 마음을 몰라주는 사람들이 세상이 화나게 한다는 것을 토로한다. 부모라면 이들의 토라진 행위를 받아줄 수 있겠지만 사회는 냉정하게 받아주지 않는다. 결국 이러한 성격은 직장에서나 자신의 친구, 동료들 사이에서 견디기 힘든 시간을 보내게 된다.

✓ 부모는 아이에게 원하는 것이 있으면 토라지지 말고 정확하게 자신의 생각을 말할 수 있도록 전달하는 방법을 가르쳐야 한다. 이렇게 되면 앞에서 설명한 지도방법과 병행했을 때, 아이

가 자신의 말에 책임을 질 수 있도록 책임감을 길러주고, 타협과 공존을 할 수 있게 하며, 사회에서 잘 적응하고 건강한 사람으로 성장시킬 수 있을 것이다.

아이에게 구체적이고 정확하게 말하기

> "엄마가 장난감 치우라고 말했는데, 지금까지 그대로 놓여있다니 너 좀 혼나야겠다!"

부모는 우리 아이가 어리다고 생각하면서 어떤 문제가 벌어지면 그 상황에서 어른처럼 행동해주기를 바란다. 한창 성장하는 아이에게 어른의 생각처럼 행동해주기를 바란다는 것은 모순적이며, 위험한 생각이 아닐 수 없다.

보통 부모는 아이가 자신들이 생각하는 대로 행동해 주기를 바라는 자신들만의 잣대가 있다. 특히 엄마들은 아이와 일상의 생활에서 늘 따라오는 문제인데, 아이들이 착한 아이가 되기를 바라고, 공부를 잘하고, 말을 고분고분 잘 듣는 아이가 되길 바란다. 또 첫째가 동생을 잘 돌보고, 형제자매간 사이좋게 지내기를 바란다. 그러나 여기서 아이의 연령은 어린 아이에 불과한 것이다. 엄마가 바라는 마음은 단지 어른의 마음이며, 이 시기 유년, 초등 시절 양보보다는 자신의 것을 챙기는 것이 당연한 나이이다.

생활 속의 실전

✓ 형과 동생이 장난감을 가지고 싸우게 되었다. 그러다가 동생이 울기 시작한다. 이 상황에서 엄마는 이렇게 말하게 될 것이다. "왜 동생에게 양보하지 못하고, 형이 되가지고 울리고 그러니?" 여기서 엄마는 당연히 형이 동생에게 양보해야 한다는 것을 강요하게 된다. 하지만 아이의 입장에서는 꾸중을 듣는다고 생각하거나 추궁당하는 것이라고 생각하게 된다. 이러한 말은 아이에게 자신의 바람이나 질문하는 형식에 불과하다는 것을 알아야 한다. 이렇게 잔소리처럼 추궁하고, 질문하는 모습을 통해 아이는 자신의 잘못을 깨닫기보다 불만만 쌓이고, 변화되지 않는 것을 보게 된다. 이런 잘못된 순환의 고리를 끊기 위해서는 바람이 담긴 질문을 하기보다는 '아이가 감당해낼 수 있는 구체적인 방법이나 행동을 말해주는 것이다.'

예를 들어보면,

"애들아, 왜 장난감을 안 치웠니? 말 좀 들어라!"

↳ "애들아, 엄마랑 장난감 같이 치우지 않을래? 너희들이 같이 치우면 엄마도 도와줄게."

"오빠 양치질 하는 거 봐 잘하지? 너도 오빠처럼 해봐!"

↳ "○○아 양치질 하자. 엄마가 도와줄까? 어이구 정말 잘하네."

✓ 특히 산만한 아이인 경우에 더욱 다루기가 힘이 든다. 이럴 경우에는 보상이라는 강화물을 사용하는 것도 좋은 방법이다. 숙제를 하는데 오랜 시간이 걸리고, 집중을 하는 시간이 10분도 안 되어 흐트러지고, 좀처럼 주의를 줘도 말을 듣지 않는다. 이럴 때, 엄마가 아이에게 지금부터 20분 정도 집중을 하면 아이가 좋아하는 것을 강화물로 보상하는 것이다. 그리고 행동토큰 제도를 사용하는 것도 좋다. 아이가 조금이라도 안정된 모습이나 집중하는 모습, 엄마의 말을 듣고 행동으로 옮기는 것을 볼 때마다 스티커를 붙여주는 것이다.(본 저자의 아이가 상당히 산만한 편인데, 이러한 보상을 꾸준히 한 결과 지금은 어느 정도 행동의 습관을 가져왔으며, 때로는 스스로 동기부여도 할 수 있다는 것을 확인한바 있다.) 단 강화물은 아무리 잘해도 딱 하나씩만 보상을 하는 것으로 원칙을 삼는다. 너무 잘했다고 스티커 5장, 조금 잘했으니 스티커 1장 이것은 올바른 보상이 될 수 없으며, 아이가 서서히 보상에 대한 흥미가 개수에 있게 되고, 많고 적음에 보상의 가치가 정해지고 본질이 퇴색된다. 그래서 이러한 문제가 있기 때문에 항상 일관성 있게 보상을 하는 것이 중요하다.

✓ 자녀가 태어나면서 기대한 만큼, 그 이상으로 성장하기를 바라는 것이 부모의 바람이다. 그런데 부모가 바라던 그 모습이 아닌 현실에서 만나는 자녀의 모습은 그 이하, 부모의 바람과는

거리가 먼 행동을 하게 된다. 이렇게 부모는 아이가 바람대로 되지 않는 현실과 이상의 괴리에서 질책과 꾸중을 하는 것이 아이의 행동을 개선하는 것이라고 생각하게 된다. 그리고 이러한 행동에 대한 수정이 부모로서 그 역할을 충실히 하는 것이라고 생각하면서 장점보다는 단점을 지적하게 된다. 부모가 별 생각 없이 던지는 말이 아이에게는 큰 상처가 되는 말이 되고, 가슴에 남게 되는 것이다. 결국 아이의 자존감은 떨어지게 된다. 또한 지적과 비난은 아이에게 불안감을 안겨주게 되며, 부모에게 인정받지 못하는 아이, 무시와 거절로 힘들어 하는 아이로 만들게 된다.

약이 되는 보상과 독이 되는 보상의 차이

> "엄마, 나 학원 가기 싫어! 학원 안 가고 집에서 공부할 수 있으니까 제발 나 좀 놔두라고!"
> "○○아, 엄마가 괜찮은데 알아 볼 테니 다른 데로 옮기는 건 어때?"
> "싫다고!"

자신의 아이가 어느 날 학원에 가는 것을 거부하기 시작했다. 그래서 무슨 일인지 물어봐도 대답대신 짜증을 낸다. 학원 가는 것을 거부하고 떼를 쓰는 아이로 돌변했다. 다른 학원을 알아보고 옮기려 했지만 아이는 고집을 부리면서 자기 뜻대로 하겠다고 말을 한다. 이제 초등학교 3학년이 이렇게 나올 때는 당황스러운 상황일 수밖에 없다. 이대로는 안 되겠다는 생각으로 자구책을 고안해 낸다.

생활 속의 실전

✓ "○○아, 네가 학원에 다시 나가기로 결심하면 엄마가 '레고 블록' 큰 거 하나 사줄게 그러면 학원에 갈 수 있겠어?"

아이가 자기 뜻대로 안 되면 짜증을 부리고, 심하게는 화를 내는 일이 잦았다. 이번 학원 문제도 짜증을 내고, 강짜를 부리는 모습을 보인 것이다. 그래서 아이를 달래고 학원에 가게 하려는 의도에서 그만 보상을 크게 한다. 그런데 아이의 문제 행동을 해결하고자 주는 보상은 순수한 강화가 아니라, 뇌물에 가까운 보상이라 할 수 있다. 이 보상은 근본적인 문제를 해결할 수 없는 임시방편으로 내놓게 된 것이다. 문제 패턴을 보이는 아이가 자신의 행동을 통해 엄마에게서 유리한 조건을 만들고, 자신이 원하는 것을 얻어낼 수 있다는 것을 터득하게 된 것이다. 이러한 방법을 통해 아이는 부모와 대화를 통해서가 아닌 오로지 자신의 방식대로 행동함으로써 자신이 원하는 것을 얻어내게 된다. 결국 이렇게 학습된 아이는 심하게는 부모를 때리는 폭력까지 휘두르게 된다. 부모가 의사결정을 하고 아이를 주도하기보다는 주도권을 아이에게 넘김으로써 아이가 주도권을 행사하게 되는 상황이 되어서 이런 일이 발생하게 된 것이다.

✓ 당신의 아이가 지금 이 책을 읽고 있는 부모님의 상황과 비슷하다면 이렇게 아이에게 접근하는 것도 좋을 것으로 보인다. 아이에게 학원 이야기를 하면 아이는 불편한 심정을 드러내면서 문제 행동을 하게 된다. 이 상황에서 부모님은 특히 엄마는 아이가 문제 행동을 보이기 전에 아이가 혹할 수 있는 제안을 하는 것이다.

"엄마는 ○○이가 가지고 싶어 하는 레고 블록을 사줘야 할 때가 된 것 같아. 요즘 학교도 잘 가고, 엄마 일도 잘 도와주고 어때?"

"나야 엄마가 사준다면 정말 좋지!"

"그럼 화내지 말고 들어줄래? 엄마는 ○○이가 좋아하는 것도 사주고 싶고, 또 ○○이가 학원에 가는 것도 원하는데… "

이 상황에서 아이가 그래도 학원에 안 간다고 말하면

"그럼 레고 블록은 살 수 없겠다. 아쉽긴 해도 어쩔 수 없네. 다음에 사자."

이렇게 아이에게 제안을 하고, 아이가 의도한 대로 반응을 보이지 않아도, 아이는 자기 자신이 조금만 참고 다니면 갖고 싶은 장난감을 얻을 수 있다는 생각에 엄마의 제안을 받아들일 수 있고, 문제도 해결될 수 있을 것이다.

여기서 눈여겨 볼 점은 앞에 내용은 아이가 강짜를 부리게 되면, 그것을 달래서라도 학원에 보내려는 부모의 의도가 엿보이지만 그것은 강짜를 부려도 된다는 생각을 심어주게 되는 것이다. 반면에 후자는 아이가 잘하고 있는 모습들을 이야기하면서 잘하고 있다는 자기 암시를 하게 하는 것이다. 그렇게 되면 자연스럽게 실망시키지 않으려는 행동을 하려할 것이고, 그것에 걸 맞는 행동을 요구함으로써 변화를 유도하는 것이다.

실제로 이와 비슷한 사례가 있었다. 나이가 25세인데 큰 문제가 생기면 부모님에게 기대는 행동을 했다. 자신의 문제가 어렵다고 생각되면 머리가 아프다고 하면서 고통을 호소한다. 부모는 또 자기 아들이 분노를 하고, 몸부림치면서 고통스러워 할까봐 그 아이의 문제를 해결해 주는 것이다. 이렇게 필요할 때마다 자신의 두통을 호소하면서 뜻대로 되지 않을 때는 분노를 표출하면서 부모의 마음을 조종하는 상황에 이르게 된 것이다. 이러한 행동은 어릴 때부터 자신의 마음에 들지 않는 일이 생기면 때를 쓰고, 화를 내게 되었고, 이를 보던 부모는 마지못해서 강짜를 부릴 때마다 해결해 줬다고 한다. 결국 이러한 잘못된 보상은 보상이 아니라 결국 뇌물처럼 됨으로써 나이를 먹고 성인이 되어도 반복되는 문제 행동을 하게 되는 것이다.

7장

내 자녀 자존감 향상을 위한
기법을 익혀라

인성을 잘 다듬기 위해서는 자존감이 중요한 위치에 있음을 알고,
자존감 향상을 위한 그 내용과 기법을 이해하고, 자존감 향상 코칭을 익히고,
실제 삶에 적용하여 자존감 향상을 하는데 중점을 둔다.

🌿 자존감 향상을 위한 코칭 배우기

자존감의 개념

자존감이란? 자신을 가치가 있는 사람이며, 사랑받는 존재라고 스스로 여기는 마음가짐을 말한다. 자존감은 내가 다른 대상으로부터 사랑받고 있는 존재라는 생각과 다른 사람들에게 영향력을 가지고 있으며, 인정받는 사람인가에 대한 긍정적인 자기 이해의 집합이라고 정의할 수 있다.

자존감이 잘 형성된 사람은 자신에 대하여 자랑스럽게 생각하고 다른 사람까지 존중할 수 있는 인성이 되어 있다. 자존감이 높은 사람은 자신을 존중하고, 유능감이 있는 가치 있는 사람이라고 생각한다. 그들은 타인과 원만한 관계를 유지하며, 자신감을 통한 진취적인 모습을 보인다. 자존감이 낮은 사람은 자기 자신은 물론이고 타인에 대해서 원망하고, 미워하며, 세상에 대하여 원망과 부정적인 생각을 전가한다. 그래서 그들은 미래에 대한 불확실한 마음으로 인해서 도전하려는 마음도 없고 무가치하다고 생각한다. 또한 이러한 심리적 바탕에 의한 우울증상이라든지 열등감, 거절감에 힘든 시간을 보낸다.(김은실. 손현동, 2015)

자존감의 형성 과정

자존감의 형성 과정은 양육자와의 애착관계에서 우선 찾을 수 있다. 영아는 양육자로부터 사랑과 보호를 받음으로써 자신의 가치를 알게 되고, 가치를 만들어가기 시작하는 것이다.

아이는 자신을 돌봐주는 양육자에 의해 비쳐지는 모습에서 자존감을 키워간다. 즉 거울반응을 통해 자신의 존재 가치를 인지하기 시작한다.

주 양육자가 아기를 보면서 나타내는 행복한 표정과 긍정적인 말투에서 영향을 받고, 사랑스럽다는 표정을 통한 태도가 아기에게 '좋은 나'를 경험하게 한다. 하지만 양육자의 우울한 표정과 부정적인 말투나 짜증스러운 태도를 통해서는 '나쁜 나'를 경험하게 된다.

양육자를 통해 비쳐지는 '좋은 나'를 경험한 아이는 높은 자기가치감을 바탕으로 긍정적인 자아개념을 갖게 된다. 반면에 양육자에 의해 '나쁜 나'를 경험한 아이는 낮은 자기가치감을 바탕으로 부정적인 자아개념을 만들게 된다.(최유경, 2015)

자존감 발달과정과 연령별 주요 과제

영아기(0~1세) 영아기 이 시기는 욕구나 감정, 생각을 잘 표현하지 않는 수동적인 존재처럼 보이지만 이 때 아이들은 인생에서 가장 활발한 발달이 일어나는 시기이다. 삶의 태도를 형성하는 가장 중요한 단계가 된다.

아이들은 타인에 대한 신뢰감을 형성하고 싶어 하는 욕구를 가지고 있으며, 이때 부모가 아이의 욕구를 일관성 있게 충족시켜 주면, 아이는 엄마에 대한 신뢰감이 생기고, 세상에 대한 신뢰감을 형성함으로써 믿는 마음이 형성된다. 그리고 이런 과정을 통해 긍정적인 자존감을 만들어 가는 기초를 쌓게 되는 것이다.(김은실. 손현동, 2015)

유아기(1~3세)

두 발로 걸어 다니는 1~3세가 되면 아이는 자율성에 대한 욕구가 커지기 시작한다. 스스로 할 수 있는 것에 기쁨을 느끼고 스스로 무엇을 할 수 있는지 궁금해 하며, 자신의 능력을 확인하는 활동을 끊임없이 하려고 한다. 그래서 높은 곳에서 뛰어내려 보기도 하고, 전등불을 켜고 끄고를 반복하고, 이것저것 다 손을 댔다가 느끼기도 하며, 먹어 보기도 한다. 이것은 자율성을 획득하기 위한 행동인데 끊임없이 반복하려는 특징이 나타나는 때라고 생각하면 된다.

이 시기에는 차츰 블록이나 모래, 점토, 물감 등의 재료를 가지고 무엇인가를 만들기 시작하며, 성 쌓기, 맞추기, 목공놀이, 터널 만들기 등의 놀이를 통해 자신이 무엇을 할 수 있는지를 확인해 간다. 그 다음 2세 정도가 되면 퍼즐 게임 등을 통해 성취를 하고자 하는 마음과 부모의 관심을 받고 싶어서 손으로 가리키면서 이야기를 한다. 아이들은 이런 경험들을 통해 자신이 스스로 할 수 있는 사람이라는 것을 생각하게 된다. 자신의 능력과 관련된 자존감의 발달이 이 시기에서부터 시작된다고 할 수 있다. 이때 아동이 형성하는 숙달감과 자존감은 전 생애에 걸쳐 자신이 수행하는 일에 대한 유능성과 자신감에 크게 영향을 미치게 된다.(김은실. 손현동, 2015)

아동 전기(3~6세)

아동 전기의 아이는 인지발달과 함께 조금씩 자신과 주변 환경과의 관계에 대해 알아가기 시작한다. 자신과 타인의 성별, 나이 등의 범주를 사용해 구분함으로써 자신을 이해하는 시기이기도 하다. 자신에 대한 객관적인 평가가 점차 가능해지면서 객관적인 자아가 발달하는 시기이다.

이 시기 아이가 가진 중요한 욕구는 자신이 하는 모든 활동이나 다른 여러 가지 일을 주도적으로 이끌어가고 싶어 하는 주도성에 의한 자기주장이 나타난다. 이때 부모나 교사는 아이가 세상을 마음껏 탐험하고 배울 수 있도록 지지와 격려를 보내 주어야 한다. 주변 아이와 관련된 사람들이 아이가 하려는 일을 과도하게 간섭하거나 미리 해 주는 경우가 있는데, 이것은 아이의 주도성을 방해하는 것이라고 생각하면 된다.

혹시 부모나 교사가 아이의 기를 살려 주려고 아이가 원하는 대로 다 할 수 있게 하는 경우 아이는 자기 마음대로 세상을 통제하고자 하는 유능감을 느끼게 된다. 그러나 항상 내 마음대로만 하고, 자기가 원하는 것들이 모두 충족되었던 아이는 좌절을 경험할 기회를 잃게 된다. 그렇게 되면 좌절로부터 오는 슬픔이나 분노 같은 감정을 다룰 수가 없게 되고, 그 결과 가족이나 또래들 사이에서 자신이 원하는 대로 되지 않으면 자신의 욕구와 타인의 욕구 가운데 이를 조절할 능력이 부족하고, 자신의 욕구만을 중시하는 자기 중심적이고 이기적인 아이가 될 수 있다.

이 시기에 아이들에게서 나타내는 특징 중 하나는 다른 대상과의 비교이다. 5~6세 정도가 되면 자기 또래와 비교하여 자신을 평가하게 된다. 이 무렵부터 아이는 능력뿐 아니라 옷차림, 소유물, 가정 배경 등 여러 측면에서 자신과 다른 아이 사이에서 끊임없이 비교하려고 한다. 이런 사회적 비교의 결과가 긍정적이면 자존감이 올라가지만 지적 능력이 부족하거나, 사회성이 부족하거나, 저소득 계층의 아이처럼 비교 결과가 부정적이면 아이는 낮은 자존감을 형성하게 된다.

아동 전기의 아이들은 자기 자신이 할 수 있는 능력에 비해서 자신이 할 수 없는 것에 대하여 구분하고 판단해 내는 판단력이 떨어지는 시기이다. 판단의 정확성이나 객관적인 평가가 떨어지지만, 아동 전기의 아이들은 자신에 대한 기대가 상당히 큰 편이다. 그렇기 때문에 아이들은 자신에 대한 긍정적인 평가와 낙천적인 특징을 보이며, 자존감도 이 시기에 가장 높은 것으로 알려져

있다.(김은실, 손현동, 2015)

아동기(6~12세)

이 시기는 아동기 자아성장의 결정적인 단계이다. 아동기 아이들은 학교에서 부과하는 여러 과제에 대하여 꾸준하게 주의를 기울이고, 성실하게 자기 과업에 임하는 과정에서 근면성을 배우게 된다. 이 시기에 아동들이 자신에게 주어진 일에 대하여 적절하게 성취감을 느끼지 못하면 열등감에 빠질 수 있다. 그렇기 때문에 아이들을 격려하면서 재능을 발견할 수 있도록 자신감을 북돋아 주는 과정이 상당히 중요하다. 예를 들어 초등학생 시기에는 상황에 따라 일시적으로 자존감이 낮아질 수 있는데, 그 이유는 학업 성취에 대한 주변 사람들의 평가가 있기 때문에 상대적으로 비교를 당하기 때문이다. 그러나 이러한 상황을 극복하고 또래와의 객관적인 비교가 가능한 시기이기도 하다. 또한 자신의 부정적인 모습에 대해 인식하고, 이를 방어하려는 태도를 보인다. 그래서 이 시기의 아이들에게는 부정적인 측면을 잘 이해하고 접근해야 한다.(송명자, 2009)

자존감의 구성

자신에 대한 긍정적 이미지

자존감이 높은 사람은 자신이 가치와 능력을 인정하는 경향이 있다. 그래서 자존감이 높은 사람들은 자신의 판단을 믿고 신뢰한다. 다양한 선택의 순간에서 자신의 판단 능력을 믿고, 행동으로 옮기는 데 주저하지 않는 결단성이 있다. 만약 실패하더라도 좌절하거나 실망하기보다도 자신에게 놓여 있는 현재 상황을 정확하게 이해하고, 왜 이런 일이 생겼는지 그 실패의 원인을 찾아 문제를 해결한다.

반면에 자존감이 낮은 사람은 자신에 대하여 낮게 평가하거나 가치 없는 존재로 여기고, 능력이 없는 사람이라고 생각한다. 그렇기 때문에 자신의 판단 능력을 믿지 못하고, 어떤 일에 대한 결정을 내리는데 주저하게 된다. 이후 결정을 내리고 일을 진행했다가 혹시 실패를 하게 되면 그 상황을 인정하지 않고 남의 탓으로 돌리는 모습을 보인다.　(김은실. 손현동, 2015)

타인에 대한 긍정적 이미지

자존감이 높은 사람은 타인에 대해서도 긍정적인 이미지를 가지고 있다. 타인과의 관계에서 행동으로 드러내는데, 만약 혼자 해결할 수 없는 곤란한 상황에 처할 경우 자신의 상황을 인정하고 상대방에게 도움을 요청할 수 있는 용기가 있다. 자존감이 높은 사람들은 타인에게 자신의 약점과 강점을 있는 그대로 보여주고,

주저하지 않는 모습을 볼 수 있다. 그들은 원만한 관계를 유지하며, 진솔한 자세를 보인다. 타인의 눈치를 본다거나 이로 인하여 나타나는 문제로부터 영향을 덜 받고 독립적인 모습을 보인다.

낮은 자존감이 타인에 대하여 부정적인 이미지를 갖게 되는 경우, 다른 사람이 자신에게 호의적이지 않을 것이라 미리 생각하고, 도움을 요청하는 것 자체를 어려워한다. 또한 그들은 타인에 대한 부정적인 이미지를 갖고 있는 경우가 많기 때문에 사람들이 자신에게 한 행동을 오해하거나 비난 또는 공격을 받는다고 생각해 자주 화를 내면서 공격적인 모습을 보이기도 한다.(김은실. 손현동, 2015)

세상에 대한 긍정적 이미지

자존감이 높은 사람은 세상에 대한 긍정적인 이미지를 가지고 있다. 그래서 긍정적인 사고를 가지고 세상에 대하여 재미있고 자신이 할 수 있는 일이 많은 곳이라 생각한다. 그들은 세상에 대한 긍정적인 이미지가 있기 때문에 새로운 일에 도전하는 것을 두려워하거나 망설이지 않으며, 적극적인 모습을 보인다.

그러나 세상에 대한 부정적인 이미지를 가진 사람은 세상을 위험하고 살기 힘든 곳이라고 생각한다. 새로운 일이 생기면 그 일에 대하여 위험할 것이라 생각하고, 살기 힘들 것이라는 부정적인 이미지를 그린다.(김은실. 손현동, 2015)

자존감이 주는 영향력

자존감은 대인관계를 잘 형성하게 하고, 안정적으로 성격을 발달시키는데 있어 커다란 기반이 된다. 자존감은 삶의 만족감, 행복감, 안정감, 여러 발달영역에 영향을 준다. 자존감은 세 가지 영역에서 영향을 미치는데, 그 세 가지에는 대인관계, 지적 발달, 정서적 안정감이다.

대인관계 영역에서는 또래와 원만한 관계형성을 하고, 타인에 대한 신뢰감을 갖는다. 배우자나 자녀와 긍정적인 관계형성을 하며, 자존감은 리더의 역할을 할 수 있다.

지적 발달 영역은 언어 및 의사소통 능력의 발달을 가져온다. 인지 및 지적 능력의 발달을 가져오며, 창의적인 사고의 발달이 있고, 다양한 문제 해결력의 발달이 있다.

정서적 안정감의 영역에서는 낯선 것에 대한 불안이나 두려움이 없다. 부정적인 감정에서 쉽게 벗어날 수 있고, 실패와 좌절을 쉽게 이겨낼 수 있으며, 어려움에 직면하게 되면 회피하지 않고 적극적으로 대처할 수 있는 힘이 있다.

자존감 향상을 위한 방법

자존감 향상은 수용에서 시작된다 : 수용은 아이들을 하나의 인격체로 생각하고 소중한 마음으로 받아들이는 것을 의미한다. 아이들의 행동을 좋고 나쁨으로 판단하지 않고 있는 그대로 받아들이는 것을 말한다. 사실 아이를 무조건적으로 존중하고 수용하는 자세를 취한다는 것은 상당히 힘든 일이다. 언제나 아이들을 하나의 인격체로 생각하고, 대하려는 마음의 자세가 필요하기 때문에 어떤 상황에서도 흔들리지 않고 수용하는 자세를 요구하는 것이다.

이렇게 수용하는 자세가 아이의 존재를 인정하게 되는 것이며, 이러한 과정을 통해서 자존감을 높여 가는 것임을 알아야 한다. 아이들은 교사와 부모의 수용적인 태도로부터 타인에게 인정받는 것을 알게 되며, 언제나 사랑을 받고 있다는 것을 느끼면서 자신이 그만큼 가치 있는 존재라는 것을 인식하게 된다.

자존감 향상은 경청이다 : 경청은 아이가 말하는 것을 들어주면서 그 내용을 정확하게 파악하는 것을 뜻한다. 경청은 말하는 아이의 이야기를 잘 듣고 있다는 것을 적절하게 알려주어야 하며, 아이가 존중받는 다는 느낌이 들 수 있도록 집중해서 들어야 한다. 이러한 행위적인 면을 보이기 위해서는 '그렇구나' '그래서' '아~' 등 맞장구를 치고, 고개를 끄덕이는 모습을 통해 자신의 이야기가 수용되고 있다는 느낌을 준다.

이렇게 경청은 자기 자신이 수용 받고 있다는 생각이 들 때, 자존감이 향상된다는 것을 알아야 한다. 다시 말해서 사람들이 자신의 말을 잘 들어주면, 그 아이는 다른 사람에게 인정과 사랑을 받고 있다는 생각을 하게 되면서 자존감이 높아진다.

자존감 향상은 공감이다 : 공감은 아이들이 말하고자 하는 것과 전하고자 하는 감정, 생각들을 정확하게 이해하는 것을 의미한다. 부모나 교사의 공감은 아이들의 자존감을 향상시키는 것이다. 자존감은 자신이 속한 집단과의 좋은 관계를 통해서 형성되는데, 이 자존감은 공감을 통해서 특히 높게 형성될 수 있다. 만약 아이의 말이나 행동을 어른의 잣대를 가지고 판단하거나 어른들이 듣기 좋은 것만을 선택하여 받아들이고, 설득 또는 충고를 하게 된다면, 아이들은 자신의 행동에 대하여 부끄럽게 생각하게 되어 마음을 닫거나 회피를 할 수 있다. 여기서 아이들에 대한 올바른 공감은 상대방이 이야기하고자 하는 내용을 정확하게 이해하는 것을 말한다. 아이들의 마음을 정확하게 이해하는 것은 아이들의 이야기를 듣고 공감하여 신뢰를 쌓는 것이다. 공감은 타인을 존중하고 수용하는 것이며, 상대의 공감이 자기 자신에 대한 긍정적 이미지를 갖게 하는 것이고, 결국 이를 통하여 자존감이 향상되는 것이다.

자존감을 손상시키는 대화법

부모나 교사의 생각이나 감정적인 부분을 표현할 때, 아이의 자존감을 떨어뜨리지 않기 위해서 조심스럽게 표현해야 하는 것이 있다. 어른들이 자신의 마음과는 달리 아이들에게는 충고와 비난처럼 들릴 수 있다. 이러한 대화법은 아이의 감정을 상하게 할 수 있고, 인간적이고 따뜻한 교감을 나눌 수 없으며, 인격적인 관계가 손상됨으로써 상대방에 대한 반감을 가져올 수 있다. 결국 이러한 관계의 어려움은 아이의 자존감을 떨어뜨리게 되는 것이다. 다음으로 자존감을 손상시키는 대화법을 살펴본다.

비난과 낮은 자존감 : 비난은 아이의 자존감 향상에 독이 된다.

비난을 하게 되면 아이의 행동과 말이 잘못된 것이라는 것을 말한 것이다. 다시 말해서 내 아이에게 비난의 말을 하는 동시에 아이는 능력이 없다는 말로 여기게 된다는 것을 알아야 한다. 이러한 비난은 아이의 행동과 말을 이해 또는 수용하지 못하는 것이므로 자존감 향상에 전혀 도움이 될 수 없다.

무시가 말하는 부정적 의미 : 무시가 주는 의미는 상대방이 나에게 중요하지 않고 너의 말하는 모든 것이 중요하지 않다는 무언의 메시지가 포함된 것이라 할 수 있다. 이렇듯 무시라는 메시지는 자존감을 향상시키는 일에 있어서 도움이 되지 않을 뿐만 아니라 너는 무능력한 사람이라고 전가하는 자존감을 죽이는 역할을 한다.

충고가 주는 문제 : 충고는 아이에게 어려운 문제에 직면했을 때 나름대로 순기능적인 면에서 효과적일 수 있다. 하지만 충고의 이면에는 네가 스스로 어려운 문제를 해결하거나 극복할 능력이 없다는 메시지를 줄 수도 있다. 이러한 메시지는 아이의 능력을 믿어주는 태도를 통해 수용하고 있다는 의미를 주는 것이 아니므로 도움이 되지 않는다. 또한 충고는 충고하는 당사자의 입장에서 문제를 이야기하기 때문에 아이에게 직면한 문제에 대한 해결책보다는 오히려 도움이 되지 않고, 자존감에 안 좋은 영향을 끼칠 수 있다.

명령이나 위협이 주는 낮은 자존감 : 명령이나 위협은 두 사람 사이에 힘의 차이가 있다는 것을 말한다. 이런 태도는 단지 나의 생각을 일방적으로 전하는 것이므로 상대방은 무조건적으로 따라 행동하라는 의미와 같은 것이다. 명령이나 위협은 결국 일방적이고, 명령이기 때문에 상대방에게 권한과 말할 권리가 없다는 것을 암시하는 것이다. 이것은 아이의 모든 것을 통제하고 지배하 겠다는 것이며, 아이의 자존감 향상을 하는데 있어 치명적일 수 있다. 이런 아이들은 나중 성인이 되어서 수동적이고, 눈치를 보 며, 피해의식 속에서 타인 중심적인 삶을 살아가게 된다.

심리적 판단이 주는 낮은 자존감 : 현재 아이의 행동에 대해 심 리적으로 훤히 보고 있다는 암시를 하거나 어떤 이유에서 아이가 이런 행동과 생각을 하고 있다는 것을 해석해 주는 것이다. 이러 한 심리적인 판단은 아이를 믿어 주는 태도가 아니기 때문에 자 존감 향상에 어려움을 줄 수 있다.

비언어적 무시와 낮은 자존감 : 말로 아이에게 무시하는 메시지를 주지는 않지만 비언어적인 표현이 오히려 아이에게 상처를 줄 수 있다. 예를 들어 아이가 발표를 할 때에 자기가 손을 들어 의사 표시를 했지만 선생님은 그 행동을 지켜보고 아무런 반응을 하지 않으면, 아이는 상처를 받게 되는 것이며, 자신이 가치 없는 그 저 그런 아이라고 여기게 될 수 있다.

원하지 않는 도움은 독 : 보통 아이들은 자기가 스스로 행동으로 옮길 때에 그 행위에 대하여 부모가 간섭하는 것을 지양한다. 부 모가 아이에게 필요한 것을 먼저 헤아려 도움을 주는데 이런 행 동이 반복되면, 아이는 자신이 문제를 해결할 수 없는 아이라고 생각하게 된다는 것이다. 다시 말해서 아이는 자신의 능력을 확 인할 수가 없고, 이 때문에 성취감을 경험할 수 없게 되어 무능 하다고 생각할 수 있다는 것을 알아야 한다.

자존감을 높이는 대화법 배우기

속마음을 드러낸다.

아이와 진솔한 마음으로 소통을 하기 위해서는 부모가 먼저 자신의 속마음을 솔직하게 드러내는 것이 중요하다. 부모가 자신의 속마음을 보이지 않고 자녀의 마음을 억지로 읽으려 할 때는 오히려 부모와 자녀 사이에 제대로 된 공감을 할 수가 없다. 부모가 먼저 자신의 마음을 진솔하게 드러내는 것이 필요하다.

그래서 부모가 아이와 공감을 하기 위해서는 부모가 먼저 자신의 마음을 있는 그대로 표현해야 한다. 부모로서의 권위를 보이는 것이 아닌, 동등한 입장에서 아이에게 다가가고 동등한 인격체로 자녀를 존중하고 있다는 것을 보여주는 대화를 한다.

부모가 자신의 마음을 있는 그대로 전달하게 될 때에 자녀의 마음을 읽어주고 싶은 여유를 갖게 되고, 자녀가 부모에게 요구하는 것이 무엇인지 듣게 되어 필요한 부분에 대하여 해결할 수 있는 방법을 찾게 된다. 부모의 이러한 자세는 아이의 마음속에 존중받는 사람이라는 것을 심어주는 것이다.

이렇게 자기를 표현하는 방식은 부모 입장에서 일방적으로 통행을 하는 대화가 아니라, 보모와 자녀 사이에 자연스럽게 오가는 양방통행의 대화가 되며, 자존감을 향상시키는 대화가 된다.

부모가 자녀에게 자신의 마음을 드러내주는 것은 자녀의 공감을 얻어낼 수가 있다. 부모가 자녀에게 원하는 것이 있을 때에 그 진심을 있는 그대로 표현해서 보여주면 그 기대에 상응하는 결과로 나타날 수 있다.

다음으로 자녀가 자기 뜻대로 행동을 하려고 하면, 보통은 부모가 아이의 행동에 대하여 명령을 하거나, 강요를 한다는 것이다. 이렇게 되면 자녀들은 부모의 뜻에 못 이기고 행동을 멈추겠지만, 그들이 이 상황을 자연스럽게 접하고 흘러가면서 터득하는 교훈을 놓치게 될 수도 있다.

만약 자녀에게 억지로 강요하고 명령을 함으로써 아이들이 순종하는 모습을 보일 수 있겠지만, 점점 그 자녀들은 불만이 쌓이게 되고, 소통이 원활하지 않게 되면서 신뢰하는 마음이 없어진다. 이러한 결과는 자신이 존중받지 못한다는 마음에서 오는 낮은 자존감으로 가져가게 된다. 반면에 부모가 자녀에게 진실한 마음으로 부탁을 하게 되었을 때, 아이의 반응이 늦게 나타나더라도 기다리면 부모에 대한 신뢰하는 마음이 싹트기 시작한다.

이렇게 부탁하는 마음을 부모가 보여주고, 행동으로 옮기게 되면, 몇 가지 순기능적인 면을 보이게 된다. 첫째, 부모의 부탁에 대하여 고민하면서 좀 더 골똘하게 생각하는 모습을 보이게 되는

데, 이때 자녀들은 그 과정을 통해서 사고력이 커진다. 둘째, 부모가 자신을 존중한다는 생각과 자신의 의견을 존중하는 모습을 보면 자녀는 그 말투를 배우고 더불어서 그들의 자존감이 커지게 된다. 셋째, 자녀는 부모의 부탁에 대해서 스스로 결정하게 되고, 그 결정은 문제해결을 할 수 있다는 자신감과 능력을 키우게 되는 것이다.

마음을 읽어 준다.

현명한 부모는 민감성을 가지고 자녀의 감춰진 감정들을 찾아내어 공감을 한다. 이렇게 공감을 하는 부모의 자녀는 언제 그랬느냐는 듯 어두운 감정을 잊고 건강한 마음으로 성장할 수 있도록 돕게 된다.

공감하는 대화는 자녀의 속마음을 읽어주게 됨으로써 자녀의 눈높이에서 인격적인 만남을 할 수 있게 되며, 이러한 공감의 자세는 자존감을 형성하는데 있어 직결되는 사항이라는 것을 알아야 한다.

질문을 한다.

어떤 상황에 직면하거나 의도가 무엇인지 알고 싶을 때, 부모는 자녀에게 질문을 함으로써 자녀는 스스로 해답을 찾다가 그 문제를 해결하게 된다. 그러한 과정 속에 자기 자신도 문제를 해결할 수 있다는 자신감에 뿌듯함을 느끼게 되면서 자존감이 올라가게 된다.

그리고 질문을 할 때는 긍정적인 답변을 얻어낼 수 있도록 긍정적인 답변을 유도한다. 이러한 긍정적인 답변을 유도하게 되면 아이의 마음에도 긍정적인 생각을 하게 된다.

실제로 부정적인 답변을 유도하는 질문을 하면 상대방으로부터 부정적인 답변이 나오게 된다. 부모가 자녀에게 화를 내면서 답변을 요구하면 자녀는 그에 상응하는 말로 답변하거나 위축이 된 상태에서 의도된 답변이 아닌, 거짓된 마음으로부터 나오는 부정적인 내용으로 돌려받게 된다. 부모가 죄책감을 유도하는 질문을 하면, 자녀들은 부모로부터 나왔던 대로 똑같이 비난 섞인 말투로 방어한다. 결국 어떤 질문을 하느냐에 따라 자존감을 높일 수 있고, 아니면 그 반대로 자녀의 자존감을 낮출 수가 있다.

가능하다면 적극적인 칭찬을 해야 한다.

부모의 칭찬은 자녀가 자신감을 얻을 수 있도록 도와주는 도구이다. 칭찬은 자녀에게 건강한 자아상을 형성할 수 있게 한다. 그러나 무조건적이고 근거 없는 칭찬은 오히려 자존감 형성에 방해 요인이 될 수 있다. 진실하고, 실제 있는 내용에 대한 근거가 있는 칭찬일 때에 그 효과가 크다. 특히 결과에 치중한 칭찬은 자녀가 결과에만 만족하고, 그 결과가 만족스럽지 못할 때는 무능력감으로 오히려 자존감에 안 좋은 영향을 끼칠 수가 있다. 그래서 칭찬은 과정과 결과를 모두 칭찬하되 가급적이면 과정에 대한 격려와 칭찬이 필요하다. 과정이 좋았음에도 불구하고 결과가 좋지 않을 때를 대비하는 과정이며, 노력하는 과정이 얼마나 중요한지를 가르치는 효과도 기대할 수 있다. 또한 과정과 결과가 모두 좋다면 그만큼 좋은 효과를 기대할 수 있을 것이다.

특히 격려하는 칭찬은 현재 아이의 모습이 부족하고 초라해보일지라도 앞으로 가능성을 기대한다는 믿음을 보여주기 때문에 아낌없이 격려해주는 것은 상당히 바람직한 자세이며, 격려는 자존감을 올릴 수 있는 방법이라 할 수 있다.

안된다고 말한다.

부모가 자녀에게 해서는 안 되는 일에 대하여 단호하고도 절도 있게 'NO'라고 말할 수 있어야 한다. 자신의 욕구를 참아낼 수 있도록 가르치는 것은 절제할 수 있는 자기조절능력을 키우는 것이며, 이러한 성장과정을 통해 규칙을 배우게 되는 것이다. 이런 절제는 미래 성인으로 성장했을 때에 성공할 수 있는 토대를 만들게 된다. 그리고 여기서 단호하게 거절을 했을 때, 거절로부터 오는 불편한 감정을 어루만져 줄 수 있는 부모의 따뜻한 마음이 필요하며, 이런 마음으로 자녀를 양육하게 되면 자녀는 건강한 자녀로 성장할 것이다.

8장

좋은 친구관계를 유지하라

친구관계 훈련을 통해서 친구관계를 잘 할 수 있도록 배우고
실제생활에 적용하여, 친구관계를 원만히 유지할 수 있도록
안내 역할을 한다.

🌿 공감력이 친구관계를 높인다

공감회로 : 상대방의 감정을 내 감정처럼 느끼고, 상대방이 처해 있는 상황을 이해하고, 그 사람이 필요로 하는 것을 아는 능력이 공감력이다. 이 공감력은 공감회로라고 하는 세 종류의 신경회로를 통해서 드러난다.

공감회로는 다른 사람의 행동을 그대로 모방한다. 주변 영향을 주는 사람들의 행동이나 표현, 감정적인 면 등을 있는 그대로 받아들이고 경험한 것을 그대로 느끼는 것이며, 따라가는 회로이다. 이것을 거울신경회로 또는 거울뉴런이라고 한다.

공감회로는 아주 어린 유아기 때부터 영향을 주는 사람의 감정에 반응한다. 다른 사람들의 정서적인 말이나 얼굴표정, 행동, 표현하는 감정 등에 의해 활성화가 되는 것이다.

공감회로는 타인의 생각을 모방하고 이 모방한 것을 통해 상대방의 정서적인 면과 마음의 상태, 의도 등을 이해하게 하는 회로이다. 만3~4세부터 발달하면서 20대 초반에 완성이 된다. 이처럼 아이들은 부모나 주변의 영향력 있는 사람들의 행동을 보고 느끼고 모방하는 것이다. 다시 말하자면 우리 뇌 속에는 많은 정보를 입력하는 것이 있는데, 그 중에 거울뉴런(공감회로)이 모든 행동이나 정서적인 것, 느낌 등을 그대로 경험하고 입력하여 활성화하는 것이다.

거울뉴런의 작동과 오작동 : 거울뉴런은 공감력 발달의 토대이다. 거울뉴런은 뇌 속에 잘 준비되어 있어서 방해만 받지 않으면 아이들의 공감력이 높아지게 된다.

어린 시절 모방 대신 구분을 가르치면 거울뉴런의 발달을 막게 된다. 아이들에게 구분과 차별을 심어주고 경쟁을 알려주는 순간 아이들 뇌 안의 거울신경시스템이 오작동 되기 시작한다. 오작동 된 거울신경시스템은 공감력을 떨어뜨린다. 이런 공감력이 떨어진 아이들은 친구와의 관계가 어려워진다.(김붕년, 2013)

공감회로의 발달을 위한 대화법 익히기

공감하기를 준비한다 : 공감회로의 활성화를 위한 방법으로 아이의 마음을 공감하기 위한 부모의 의식적인 노력이 있어야 한다. 대화를 나누면서 내 아이의 생각이 어떤 것인지 그 의도가 무엇인지를 알아내기 위한 집중력과 수용적인 자세가 필요하다.

마음과 육체를 이완시킨다 : 공감회로를 발달시키기 위한 자세로 우선 아이의 모든 것에 집중한다. 아이의 모든 생각과 행동을 받아들이고 이해하겠다는 마음의 단계이다. 이렇게 될 때에 아이들은 어른이 자신의 마음을 받아줄 수 있다는 열린 마음을 갖게 된다.

감정을 느낀다 : 아이의 모든 생각과 행동을 받아들일 수 있다는 자기 암시를 한다. 그리고 아이의 마음을 만나고 함께 느낄 수

있다는 생각을 한다. 자신의 몸과 마음을 이완시킨다. 내 마음과 육체는 편안하고, 흔들림이 없으며, 모든 근육과 기관은 편안하다고 생각하면서 이완된 상태를 유지하는 자세를 취한다.

아이의 생각을 따라간다 : 우리 아이의 생각과 기질 어린 시절 내 자신과 비슷했는지, 자신과의 어린 시절 비슷한 점을 찾아보고 그럴 수밖에 없었겠다고 생각하는 자세가 필요하다. 그리고 아이의 생각에 대하여 성급하게 결론을 짓지 않고, 따라가는 자세를 취한다.

어떤 것을 느끼고 있는지 확인한다 : 부모가 자녀의 말에 이해한 만큼 느낀 것을 중간에 한 번씩 확인한다. 그래서 자신이 이해하고 받아들이는 모습을 통해서 공감이 올바르게 되고 있는지 알아본다. 아이의 이야기가 다 끝난 다음에 부모의 의견도 아이의 심정에서 이해할 수 있도록 잘 풀어서 이야기한다.

예)

"○○아, 너의 이야기를 들어보니 지난 번 받아쓰기 시험 성적이 좋지 않아서 아빠가 시험 결과만 보고 너를 야단친 것 같아 미안하네. 아빠가 너의 마음을 더 이해했어야 했는데, 그렇게 하지 못해서 미안하네. 그래도 네가 이렇게 힘들어도 노력해서 성적도 좋아지고, 참 멋있네. 아빠도 이제부터 ○○이의 마음을 먼저 헤아리고 너의 입장에서 생각하고 말할게."

부모도 자연스럽게 공감을 받는다 : 부모들도 마찬가지로 자녀의 진솔한 마음과 그 표현하는 위로를 통해서 상당한 기쁨을 느끼게 된다. 부모가 먼저 자기 자녀를 공감하게 되면, 아이들도 부모가 공감하는 모습을 통해 학습되기 때문에 공감회로는 공감하는 것을 익혀서 아이도 공감을 하는 것을 따라하게 된다.

공감력을 키우는 교육

문화, 예술 교육은 소통능력과 자신감을 키운다 : 아이들 특히 청소년들이 자신에 대한 탐색을 하고, 자기를 적절하게 표현하기, 정서적으로 긴장을 완화하는 효과가 나타날 수 있도록 문화, 예술 교육 등을 접하게 한다. 예)전시회, 박물관, 연극, 연주회 등

꾸준하게 그리고 재미있는 교육이 되어야 한다 : 아이들이 문화, 예술 교육을 통해 자신의 존재감을 깨닫고, 그것을 여러 사람에게 인정을 받을 때 교육을 지속할 수 있으며, 효과성도 나타난다. 그리고 아이들에게 직면한 문제 상황에 맞춰서 문화, 예술 활동을 선택해야 한다. 미술 활동의 경우에는 친밀감을 형성하고, 창의성을 키우고, 잠재력을 찾아내기도 한다. 서예 활동을 통해서는 인지 능력이나 부정적인 감정을 해소하는 효과가 있다. 연극 활동은 자기 상황에 대한 객관적 이해와 타인에 대한 이해, 의사표현 등을 향상 시키는 효과가 있다. 이러한 참여 활동을 통해 청소년들은 답답한 자신의 감정을 해소하는 계기를 마련하기도 하는 것이다.

이렇게 되면 평소 여러 가지 문화 예술 활동을 즐겨 생활하던

아이들은 공감력을 키울 수가 있고, 이런 아이들은 스스로 절제와 객관적인 사고를 할 수 있는 능력이 있기 때문에 따돌림이나 학교 폭력 등에 가담하지 않고 그로부터 벗어날 수 있으며, 스스로 자신의 스트레스를 잘 조절하고, 친구들과 좋은 관계를 유지하면서 지낼 수 있다.

🌿 자존감이 친구관계를 높인다

자존감이 높은 아이와 자존감이 낮은 아이

친구관계의 어려움을 겪는 아이들이 대체적으로 자존감이 낮다는 점이다. 자존감이란 스스로를 존중하는 마음이다. 이것은 자신의 가치를 인정하고 사랑하는 마음이라 할 수 있다.

자존감이 높은 아이들은 자기 자신이 소중하고, 존중받을 가치가 있다는 것을 알고, 어떤 이유가 있어도 자기 자신을 포기하거나 망가뜨리는 행동 따위는 생각하지 않는다.

자존감과 자존심의 차이

자존감은 특정한 비교 대상이 없어도 스스로를 귀하게 여기고 존중하는 마음을 말한다. 자존감이 높은 사람은 자신보다 능력이 없는 사람을 무시하지 않는다. 그 사람에게도 존중받을 만한 다른 좋은 점이 있다고 생각한다.

그러나 자존심은 남과 비교해서 우위를 차지하려는 마음, 다른 사람에게 굽히지 않으려는 마음이라고 할 수 있다. 자존심은 항상 비교 대상이 있다. 나보다 잘난 사람, 더 예쁜 사람, 돈이 많은 사람 등 비교 대상이 있어서 자신이 조금이라도 뒤쳐진 느낌이 들면

'자존심이 상한다.'는 표현을 하게 되는 것이다. 그래서 자존심이 높으면 열등감을 느끼게 된다.(김붕년, 2013.)

부모의 자존감이 아이의 자존감에 미치는 영향력

자존감은 유전자처럼 세대를 넘어 대물림된다. 아이의 자존감과 공감력 등은 부모를 닮는다. 자존감은 배운다고 생기는 것이 아니라 부모의 말과 행동을 보고 자연스럽게 터득하는 것이다.

어렸을 때 부모에게 칭찬을 받지 못하고, 사소한 잘못에도 크게 꾸중을 듣고, 신체적 학대를 받은 아이들의 자존감은 낮을 수밖에 없다. 이런 아이가 부모가 되면 의도하지 않아도 원가족일 때 부모가 자신에게 한 그대로 행동할 위험성이 높다. 이렇듯 원가족의 영향력은 크며, 자존감도 대물림된다. 이러한 문제로부터 벗어나기 위해서는 부모의 어린 시절 상처부터 치유해야한다.(김붕년, 2013) 부모가 받았던 상처가 아이에게 그대로 전가 된다는 것은 그만큼 자녀의 자존감이 낮아지고, 건강한 자아상을 가질 수 없다는 것이다. 결국 부모가 변하면 자녀는 그 대물림으로부터 벗어나 자녀에게 더 이상 악영향을 끼치지 않을 수 있게 된다. 그것은 자녀의 자존감을 높여주는 결과로 나타나게 된다.

청소년의 자존감 이해하기

뇌가 변하면 자존감도 변할 수 있다 : 친구관계의 어려움, 학교폭력 문제를 겪는 아이들은 성장과정에서 자율성과 주도성을 키우지 못한 것이며, 그 전 시기부터 부모와의 애착형성에 문제가 생긴 데에서 나타난 것으로 볼 수 있다.

어린 시절 형성된 자존감이 변하지 않는 것은 아니다. 다만 유아기에 형성된 자존감은 아동기에 성숙되지만 그 상태로 고정되는 것이 아니다. 낮은 자존감을 갖고 있는 청소년기에는 그만큼 더 많은 시간이 걸린다는 시간적인 문제가 있다는 것이다. 청소년기 초기인 중학교 1~2학년 때는 뇌 발달이 계속되고 있는 시기이기 때문에 외부 자극에 따라 자존감도 달라질 수 있다. 이 시기의 뇌는 말랑말랑한 공과 같아서 어떤 자극을 받느냐에 따라 그와 관련된 뇌 부위가 커진다는 것이다. 자존감은 물론이고 친구에 대한 배려심, 절제력, 인내심 등 다양한 인성 교육만 잘 시키면 가능하다는 것이다.

성공 경험이 자존감을 키운다 : 아이들의 자존감은 스스로 경험하고 깨닫는 과정에서 자란다. 아이들이 스스로의 가치를 높이기 위해서는 성공 경험을 많이 하는 것이 좋다. 일상생활에서 자신이 계획을 세우고, 노력해서 원하는 결과를 만들어 내는 과정을 말한다.

격려의 말 한마디가 자존감을 높인다 : 아이의 자존감을 높이는 방법은 언어적, 신체적 상처를 주지 않는 것이다. 대부분의 부모들은 아이의 장점보다는 단점에 집중하는 경우가 많다. 아이에게 단점만 고치면 멋진 아이가 될 것 같아 단점을 고치는 데 집중하게 된다. 하지만 단점만 지적받은 아이는 긍정적인 자아상을 가질 수 없다.(김붕년, 2013) 단점만 지적 받는 다는 것은 아이를 비난하거나 부족함에 대한 책망으로 들릴 수 있기 때문에 자기 자신이 무시당하고, 존재의 가치가 없다고 생각하게 된다.

🌿 관계의 갈등을 극복한다

갈등을 극복하는 힘의 요소

공감력 : 공감력은 말하는 사람과 듣는 사람이 같은 수준에서 상대방의 마음을 만나고 느끼는 것을 의미한다. 공감력은 다른 사람의 마음을 깊이 만나고, 상대의 마음에 존중받는 다는 생각이 들게 하는 것이다. 그리고 다른 친구와 문제가 일어나서 곤란한 상황이 되어도, 다른 상대방의 입장을 이해하고, 어려운 상황을 잘 헤쳐 나갈 수 있다는 것을 의미한다.(심수명, 2009) 특히 이런 아이들은 상황 판단이 빠르고 다른 친구의 마음을 잘 이해할 수 있기 때문에 친구들과 불편한 문제가 발생해도 유연하게 갈등을 해결할 수 있는 대처능력이 있다.

자존감 : 아이의 자존감을 키워준다고 잘못을 해도 그냥 넘기는 부모가 있다. 이는 잘못한 행동에 대해서는 분명하게 혼을 낸다. 그러나 혼을 낼 때에 흥분해서 상처를 주는 말을 내뱉게 되는 경우 아이가 잘못을 뉘우치기보다는 원망하는 마음이 더 커진다. 혼을 낼 때는 부드럽고 단호한 태도를 가지고 접근해야 한다. 다른 아이와 비교하거나 무시하는 말을 해서는 안 된다. 비교한다는 그 자체가 자녀는 부모가 자신을 인정하지 않고 무시한다는 생각이 든다.(김붕년, 2013) 이렇게 부모가 자신의 존재에 대하여 부정한다는 것은 낮은 자존감을 형성하는데 치

명적인 역할을 할 수 있다.

문제해결능력 : 문제해결이란 해결하기 어려운 문제에 부딪히게 되면 이러한 문제에 대하여 해결하고 극복할 수 있는 능력을 말한다. 그런데 어린 아이 때부터 부모가 나서서 대부분의 일을 처리해주게 되면 자녀들은 그 상황에 대하여 해결해야 하는 문제가 발생했을 때, 이에 대하여 극복할 수 있는 능력을 키울 수 없게 되는 것이다.

모든 아이들은 자기가 원하는 방식으로 문제를 극복해 나갈 수 있는 힘이 있다. 따라서 아이의 문제해결능력을 키워 주기 위해서는 부모 또는 교사가 아이의 능력을 믿어 주고, 항상 격려와 자신감을 실어 주는 역할을 하는 것이 바람직하다.(김은실. 손현동. 2015)

자기표현능력 : 어떤 친구가 자신을 괴롭히거나 따돌리려고 할 때 똑같은 방법으로 하기보다는 흥분하지 않게 자신의 의사 표현을 정확하게 하는 것이 중요하다.

친구에게 불편한 마음이 들게 하거나 힘들게 괴롭힐 때는 정확하게 의사표현을 하되, '너'에서 '나'로 표현하는 연습을 한다. 이렇게 되면 상대방도 공격적 메시지를 받기 보다는 완만한 표현이 되어 상대에게 의사전달을 하게 된다.(김붕년, 2013)

예의바른 행동 : 자신이 소중하다는 것을 아는 아이는 상대방도 소중하다는 것을 안다. 이렇게 상대를 존중하는 마음이 있을 때에 예의가 나오는 것이다. 예의 바른 행동을 하는 경우 왕따에서 자유로울 수 있다.

관심과 갈등 관계

시선을 끌기 위한 문제행동을 일으킨다 : 이러한 문제행동은 자신의 자리와 존재감을 찾고자 하는 아이들의 무의식적인 노력인 것이다.

시선끌기에 실패하게 되면 버릇없는 행동을 한다. 부모가 아이의 행동에 밀리면 앞으로 버릇없어질 것이라는 우려에 양보하지 않고, 아이는 같은 마음으로 도전하게 된다. 이 때에 부모의 원만한 마무리가 중요하다.

복수를 결심한다 : 자신의 요구가 해결되지 않으면 사고를 일으킨다든지 여러 가지 방법으로 복수를 한다.

무기력한 모습을 가장한다 : 이는 실패와 패배감으로 인한 무기력함의 가장이다. 상태가 심해지면 전문가에게 의뢰한다.(김붕년, 2013)

왕따와 부모가 있어야 할 자리

왕따 문제가 심각할수록 부모들은 가정에 더 집중해야 한다. 청소년 시기는 예민하고 불안전한 시기이기도 하다. 그렇기 때문에 사춘기 아이들이 편안하게 자신을 돌아보며 미래를 생각할 수 있는 따뜻한 터전이 필요하다. 아이들에게 있어서 심적으로 어려움을 겪고 있을 때, 이 문제를 이겨낼 수 있는 것은 따뜻한 집이며, 부모님의 담아주기가 필요한 것이다. 그래서 최대한 안전기지가 되어주고, 들어주는 부모가 되어야 한다. 안전기지라는 것은 따뜻한 품, 언제든지 기대고 싶을 때에 기댈 수 있는 근거지를 말하는 것이다. 이렇게 부모의 자리가 있게 되면, 친구관계에서 갈등이 심각해질수록 견뎌낼 수 있는 자리가 되어 주는 것이다.

따돌림을 극복하는 방법 찾기

아이가 따돌림을 당한다는 것을 털어놓을 때, 대화를 통해 충분한 공감과 지지를 해준다. 따돌림을 당한 아이에게 문제가 있어서 그런 것이 아니냐는 생각을 하지 않는다. 이런 마음을 알아차리면 아이는 마음 문을 닫게 된다.

스스로 해결책을 제시하도록 하며, 아이의 의견에 따라 해결방법을 찾는다. 자녀가 바라는 해결안을 토대로 부모가 도움을 주는 것이 무엇보다 중요하다.

부모와 교사의 지속적인 관심을 갖고 해결점을 찾으며, 아이가 왜 그런 일이 생겼는지 객관적으로 볼 수 있도록 용지에 열거하면서 체크리스트로 점검한다.

초기에 극복할 수 있는 따돌림 해결 방법 찾기

처음 놀림의 대상이 되었을 때 발끈하거나, 놀림 받을 행동을 하지 않고, 상대방 행동에 민감하게 반응하지 않는다. 또는 무덤덤하게 행동을 한다든지 무시하는 방법을 택한다. 이때는 행동뿐만 아니라 마음으로도 대수롭지 않게 생각하는 연습을 한다. 유머로 받아치는 방법도 좋은 방법이다.

가해아이의 눈을 똑바로 보며 이야기한다. 가해 학생에게 정확하고 바르게 전달한다. "네가 자꾸 나를 괴롭히면 선생님께 알릴 거야!" "네가 지금 하는 행동은 법적으로 처벌을 받을 수 있어"(김 붕년, 2013) 아주 강한 이미지를 보여주어야 한다. 그러나 보통 따돌림은 사소한 것에서 시작될 때가 많다. 이러한 따돌림이 발생할 때는 문제 원인을 찾아서 해결하도록 한다.

따돌림이 심각할 때 대처법

따돌림 문제가 초기 대응으로는 해결이 어려울 경우 우선 담임교사에게 사실을 알리는 것을 원칙으로 한다. 따돌림이라는 상황 앞에 부모들은 우선 가해학생 부모부터 만나는 경우가 있는데, 그 방법보다는 보통은 아이들에 대해서 잘 알고 있는 담임교사부터 만나야 한다. 부모를 만나더라도 교사 입회하에 만나야 중재가 가능하다. 교사가 따돌림을 당하고 있는 학생을 직접 칭찬을 한다면 학생들이 바라보는 시각이 달라지는 것을 볼 수 있다. 그만큼 교사가 어느 정도 영향력을 가지고 있는지 알 수 있는 부분이다. 피해학생 측에서는 충분한 증거자료를 수집한다. 가해자 측이 부인하거나 사건을 축소하려는 의도가 있을 수 있다. 그래서 아이를 보호하겠다는 심정에서 필사적으로 방어를 하려 하기 때문에 반드시 증거자료가 필요하다.

피해학생의 가족은 다시는 이런 일이 일어나지 않도록 재발 방지를 할 수 있는 확실한 약속이나 잘못에 대한 확인을 받아내야 한다. 그리고 요구사항을 정확히 전달하고, 아이가 받은 상처로 인해서 떨어진 자존감과 거절감으로부터 아이의 자존심과 상처를 회복하게 하기 위해서 가해아이의 공개사과를 받아내야 한다. 특히 교사와 가해자 부모 피해부모 모두의 앞에서 사과를 하게 한다.

그리고 사법기관에 먼저 의뢰하는 것도 그렇게 큰 도움이 되지 않을 수 있다는 것을 알아야 한다. 사법기관은 어린 학생에게 미약한 처벌을 내리는 경우가 흔히 발생한다. 이렇게 되면 처벌을 받은 가해학생은 이후에 피해학생을 더 괴롭힐 수 있는 상황도 무시할 수 없다. 그래서 사법 처리는 마지막까지 남겨두는 것이 좋다.

들쭉날쭉 종잡을 수 없는 청소년을 이해한다

폭력성의 원인

보통 사람의 뇌는 태아 때 완성되는 것이 아니고, 점점 성장해 가면서 기능적인 신경회로를 만들어 간다. 청소년기에 들어서도 뇌는 지속적으로 발달하게 되는데, 그 중에 전두엽은 뇌에서 일어날 수 있는 여러 가지 자극을 받아 분석하고 판단하며, 이러한 각각의 문제들을 해결하게 된다. 그런데 전두엽에는 생각하고 판단하는 부분이 있는데, 그게 전전두엽이라는 것이다. 이 전전두엽은 어느 정도 활성화가 되었을 때부터 이성적이며, 합리적으로 문제를 해결하게 된다. 어떤 일이 앞에 주워지면 그 일에 대하여 계획을 세우는 역할을 담당하는 중요한 기능이다.(김영훈, 2012) 하지만 청소년기에는 전전두엽이 아직 덜 활성화가 되었기 때문에 제 역할을 못한다는 연구결과가 있다. 청소년기의 이러한 특성과 맞물려 뇌의 변화가 급속하게 진행이 되고, 청소년들에게는 행동의 변화가 생기기 시작한다. 바로 뇌하수체에서 남성성과 여성성을 확실하게 나타나게 하는 성호르몬의 분비량이 급속도로 많아진다. 즉 신경전달물질이 불안정하게 분비되면서 아이들은 몹시 불안정한 상태가 된다.

이렇듯 청소년들이 똑같은 일에 대해 어른들과 다른 반응을 보이는 이유 중에 하나가 되며, 또 다른 이유 중에 하나는 바로 청소년기 아이들에게는 공포, 슬픔, 분노, 놀람 등 다양한 표정을 하고 있는 얼굴 사진을 보여주면, 청소년들은 놀란 표정이나 화가 난 표정을 제대로 구분하지 못한다는 것이다. 청소년들이 표정에 대한 구분이 정확하지 않은 것은 어른들 같은 경우에 전전두엽을 사용해 감정을 해석하지만, 청소년의 경우에는 전전두엽의 미숙으로 편도체를 사용하고 있기 때문이다.

편도체는 우리 뇌에서 공포와 분노 등의 감정을 담당하고 있으며, 청소년들은 이 편도체를 이용해서 타인의 감정을 읽는 것이다. 그런데 편도체 자체가 불완전하다보니 청소년들은 상대 쪽에서 화내는 것이나 농담하는 내용들을 오해석 해서 문제를 일으키게 되는 것이다. 그래서 사소한 일에도 부모에게 반항하거나 친구들과 싸우게 되는 것이다. 이러한 구조가 어떤 상황에 대하여 이성적이고, 합리적인 판단을 하기보다 자기 마음대로 해석하게 되는 것이다.(김붕년, 2013) 결국 편도체라는 뇌의 일부분이 청소년의 감정을 지배하고 있다는 것을 알 수 있다.

전전두엽과 편도체

전두엽의 앞쪽 부분인 전전두엽은 충동성과 관련이 있다. 전전두엽은 성인기 초기가 되어야 성숙되기 때문에 그때까지는 충동조절이 어려울 수밖에 없는 것이다.

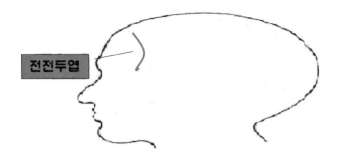

전전두엽

편도체는 땅콩 모양의 뇌세포 덩어리로 공포와 분노 등의 감정을 담당하고 있다. 청소년기의 충동성과 공격성을 이야기할 때 빼놓을 수 없는 부위가 이곳이다. 앞서 이야기했듯이 전전두엽이 미성숙한 아이들은 전전두엽 대신 편도체를 사용해 감정을 해석하고 이것은 거칠고 반항적인 행동의 원인이 된다.

이 시기에 청소년이 이성적으로 판단하기보다는 조금만 부정적인 감정이 들어오면 자신을 보호하기 위해 즉각적인 반응을 보이게 되는데, 이것은 편도체가 공포와 분노 등의 감정을 담당하는 곳이기 때문에 그러한 반응을 불러일으키는 것이다.

전전두엽의 발달이 활발한 시기

인간의 뇌가 발달하면서 과다 생성과 가지치기라는 두 가지 단계를 거치게 된다. 뇌가 실제적으로 필요한 것보다 더 많은 신경세포와 시냅스를 과다 생성 하게 된다. 사람의 뇌는 기능을 100% 수행하기 위해 먼저 신경세포와 시냅스를 150% 만들어낸다. 그리고 뇌가 환경에 적응하는 과정을 통해 필요 없는 50%의 신경세포와 시냅스를 솎아내게 된다. 이것을 가지치기라고 하는데, 가장 최적화된 뇌의 구조와 기능을 만들어내는 과정에서 불필요하다고 판단된 신경세포와 시냅스를 솎아 내는 것을 말한다. 이렇듯 뇌가 효율적인 회로와 네트워크를 구성하는 매우 중요한 과정이라 할 수 있다.

그런데 이 가지치기를 하는 과정에서 구조적, 기능적으로 불안정성이 나타나게 되는데, 이것은 전전두엽의 가지치기가 가장 활발한 중학교 때 전전두엽의 기능이 일시적으로 저하되기 때문인 것으로 알려졌다. 전전두엽의 기능이 저하된 아이들은 사회적 인지, 감정조절, 행동에 따른 결과 예측, 공격성 조절 등에 취약한 상태가 되어 질풍노도의 시기로 들어서게 되는 것이다.(김붕년, 2013)

남성호르몬의 분비와 공격성

이 시기에 남성호르몬이 급속하게 늘어나는 시기인데, 남성호르몬의 증가 속도는 그만큼 아이들을 힘들게 한다. 남성호르몬이 증가하게 되면, 감정 뇌의 중요 부위들이 자극을 받게 되고, 이것은 아이들을 예민하게 만들며, 힘의 논리가 지배적이고, 영역 다툼을 하는 등 동물적인 속성을 강화시키게 된다. 그리고 감정 뇌의 편도체 부위를 자극해 불안을 가중시키고 공포감을 갖게 하는 등 여러 가지 감정적인 문제를 증가시킨다. 또 다른 한 쪽에서는 조절 타워 역할을 하는 전전두엽이 왕성한 가지치기를 하면서 일시적으로 기능이 떨어지게 된다. 이렇게 되면 뇌의 감정 기능이 예민해지면서 청소년들은 스스로 혼란에 빠지고, 불안한 감정 상태를 보이게 된다. 이러한 변화는 청소년 후기인 고등학교 말기부터 대학교 초기에 이르러서 어느 정도 안정화 단계에 접어든다.(김붕년, 2013) 예를 들어보면 고등학교 시절 평상시에는 늘 까불거리면서 감정 조절이 잘 안되던 친구가 어느 날 심각한 모습을 하기 시작한다. 그리고는 불쑥 앞으로 자신이 무엇을 해야 하는가를 고민하는 것을 볼 수 있다. 바로 이런 행동이 전전두엽이 제 역할을 하고, 안정화된 상태라는 것을 보여주는 한 예라 할 수 있다.

대상회

변연계의 주요 구조의 작용은 감정과 기억을 연결시키는 편도체(amygdala) 와 대상회(cingulate gyrus)가 있으며, 학습과 관련 있는 해마(hippocam -pus)가 있다.(한국학교폭력상담협회. 한국전문상담학회, 2015, 42)

그 중에서 대상회는 뇌량 주변을 둘러싸고 있는 피질 부위를 말한다. 대상회는 허리띠라는 뜻으로 뇌의 안쪽, 생각 뇌와 감정 뇌 사이에 허리 띠 모양으로 위치하고 있다. 대상회 부분이 잘 발달하면 생각과 감정이 조화를 이루지만 그렇지 않은 경우 정신적 장애가 생기게 된다.

대상회가 발달하면 감정 표현이 세련되어지고, 사회적으로 인정받는 태도와 타인을 돕는 배려심과 도덕성을 보인다. 대상회를 잘 발달시키려면 정서적인 면을 키워야한다. 우선 감동을 받을 수 있는 경험을 많이 하는 편이 좋다. 감동적인 영화나 책을 보고 함께 이야기를 나누고, 음악을 듣는다. 그리고 인지적인 자극으로는 인문학적 소양을 키우고, 철학적인 내용을 토론하는 활동이 좋은 방법이다. 결국 대상회는 인지적인 면과 정서적인 활동을 조화롭게 균형을 맞춤으로써 안정적으로 발달 할 수 있다.(김붕년, 2013) 가급적이면 아이들이 좋아하는 것을 찾아서 심취할 수 있도록 배려하고, 정서적인 활동을 돕기 위한 특별활동 등을 개발하는 것도 좋은 방법이라 할 수 있다.

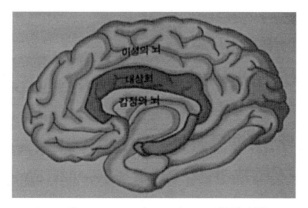

http//blog.naver.com/brain15(ENS 브레인맵 인용)

9장

부모의 분노가 인성을 망친다

분노의 원인을 이해하고,
분노의 유형을 통해 대처법을 찾고
문제까지 해결할 수 있도록 한다.

🌿 분노하는 이유를 이해하기

분노란?

분노란 자기 자신이 수용되지 않는다고 느껴질 때 화가 나는 감정을 말한다.

분노는 자신이 수용되지 않는다고 느껴질 때 일어나는 감정으로 모욕, 무시, 거절감 등을 느끼거나 공격을 받을 때 강렬하면서 불쾌한 마음이 들고 흥분되는 감정이다.

분노는 버럭 소리를 지르기도 하고, 욕을 하거나 상대방을 비난하기도 한다. 이런 표현 외에도 말을 안 하고 삐치는 경우도 있다. 얼굴이 경색되고, 주먹을 쥐거나 어금니를 꽉 물기도 한다. 갑자기 일어서서 나가거나 물건을 집어 던지는 행동을 한다. 심하면 구타와 폭력, 살인에 이르기까지 다양하게 행동한다.(윤부선, 석사학위논문, 2011)

분노는 얼굴이 붉어지거나 혈압이 올라간다든지 몸에 열이 나면서 맥박 수가 빨라지기도 하는 외적 현상이 나타난다.

분노는 대상에 따라 자기 학대적인 분노와 타인 학대적인 분노로 나타난다. 자기 학대적인 분노는 모든 분노의 원인과 책임을 자신에게 돌리려고 하는 심리적인 면이 있다. 이런 상태가 되면 자신의 감정을 숨기고 아파하며, 닫아버리고 외부와 차단된 생활을 하면서 억압을 하고, 자기 학대적인 양상을 보이며, 우울증상이나 우울증이 나타난다. 타인 학대적인 분노는 공격성을 띠면서 자기의 분노를 타인에게 돌린다. 대체적으로 사람들은 타인에게 돌리는 경향을 보이며, 자신의 분노가 어디서 온 것인지 왜 이러한 분노가 일어나는지 돌아보기 전에 우선 외부를 향해서 원망한다. 그리고 이러한 분노의 원인을 타인으로부터 시작되었다고 생각하면서 공격적인 분노를 표현하는 것이다.

이렇듯 분노는 다양한 상황에서 나오는 정서적 반응으로써, 기능적이며 건설적으로 표현될 수도 있고, 부정적이며 파괴적으로 표현될 수도 있는 인간의 자연적인 감정이라고 할 수 있다.(윤부선, 석사학위논문, 2011)

분노의 원인

욕구의 좌절 및 상처 : 사람은 마음속에 기대나 목표, 욕망이 무너졌을 때 좌절하며 분노를 느낀다. 뿐만 아니라 육체적, 정신적인 상처나 고통이 있을 때도 우리는 본능적으로 분노를 느낀다. 사람은 사랑 받고 있음을 느낄 때, 감정적으로 안정된다. 그러나 사랑이 결핍되었을 때 거절당한 느낌을 갖게 되고 이에 대해 분노로써 반응한다. 좌절감이나 상처로 인해 생긴 분노감정은 상담이나 다른 사람의 도움을 받아서 치료할 수 있다.

왜곡된 사고 : 왜곡된 사고가 있는 사람들은 자기 주변의 처해 있는 상황들을 왜곡되게 잘못 판단하는 데서 시작된다. 상대방

의 행동을 오해하고, 스스로 오해석을 해서 자신의 생각이 맞을 거라고 결론을 내리고 화를 낸다. 또한 어떤 한 사건에 대하여 왜곡되게 인지해서 그 사건에 대하여 해석할 때, 자신을 무시하고, 쉽게 본다는 생각을 한다든지 자신을 해치려는 의도가 있다고 해석하여 분노를 표출하기도 한다.

결국 이러한 왜곡된 사고에 의한 분노의 반응은 자신이 겪었던 과거 경험한 사건에 대한 생각과 그 사람의 주관적 신념에 따라 체계화된 반응이라 할 수 있다.

자신에게 실망했을 때 : 많은 사람들이 자기 자신에게 실망하여 분노하게 되는 경우가 많은데, 이것은 자기 자신에 대한 분노가 분노의 내적 요인 중에 하나인 완벽주의 또는 너무 높은 기준에 의한 완벽하려고 하는 속성과 빈약한 자아상의 영향을 받아서 그렇게 된 것이다. 그리고 낮은 자존감을 통한 열등감이나 거절감이 주 요인으로 작용한 것이라고 볼 수 있다.

학습된 분노 : 학습된 분노의 원인은 부모의 그릇된 행동을 통해서 영향을 받아 모방한 결과이거나 주변 영향력 있는 대상에 의해서 학습되어 나타나는 분노라 할 수 있다.

한 예를 보면 부모가 범죄 행위로 문제가 일어났을 때에 그 자녀는 그 행위를 모방하여 범죄 행동을 하거나 성격장애가 나타나는 경우가 있다. 특히 이들 사이에서 태어난 자녀는 반사회적 성격장애 또는 충동성 장애 등을 보인다는 통계가 있다. 또한 무엇보다 우려가 되는 부분은 이런 학습된 성장과정이 있는 아이들이 성인이 되었을 때, 타인에게 쉽게 분노하고 난폭하게 행동을 할 수 있다. 그리고 이와는 다른 한편에는 어른이 되어서 자신의 분노를 적절히 표출하지 못하고 억압을 하는 유형이 있다. 이들은 어린 시절 자신의 감정을 제대로 표현하지 못하거나 억압된 분위기 속에서 성장했을 가능성이 크다.

🌿 분노표현의 유형을 이해하고 문제를 극복하기

적극적 공격형

번호	내 용	O/X
1	때때로 나는 냉소적이며 비판적인 말을 너무 많이 하는 자신을 발견한다.	
2	최근에 나는 다른 사람에게 공개적으로 무례하고 거절하는 행동을 했다.	
3	나는 최근에 갈등관계에 있는 사람에게 직접적으로 좋은 충고를 해주었지만 너무 강하게 말해버려서 기대하던 결과를 얻지 못했다.	
4	때때로 내가 너무나 비판적이라는 생각이 들어서 고민하고 있다.	
5	최근에 사람들이 나에 대하여 얼마나 민감하지 못한지에 대해서 질려 버렸고, 그러한 실망감이 나의 태도와 행동에서 나타나고 있다.	
6	나는 매사에 너무나 심하게 초조해 하고 불안해한다.	
7	나는 나의 분노를 아래 사람들에게 쏟아놓고 있다(자녀들, 상점 직원들, 피고용인들 등).	
8	만일 누군가가 나에게 적대적인 말을 한다면 나는 곧바로 그 사람에게 달려들 것 같다.	
9	나는 삶에 대해서 점점 더 지쳐가고 있으며, 그러한 사실을 누가 알게 되든지 개의치 않는다.	
10	나는 다정다감한 사람이 되기가 힘들다.	

분노치료(도처출판 다세움, 2009.6) 인용

수동공격형

번호	내 용	O/X
1	나는 여러 가지 계획들을 연기했던 적이 있다.	
2	때때로 나는 지키지 못할 것을 알면서도 다른 사람의 부탁을 들어 주겠다고 약속하기도 한다.	
3	나는 고의로 늦장을 부릴 때가 있다.	
4	나는 다른 사람과 갈등이 생겼을 때 그 사람과 몇 시간 동안 아무 말도 하지 않고 지낸다.	
5	나는 다른 사람에게 나의 문제들에 대해서 도와주기를 부탁하지만 그들이 제시하는 유익한 제안들을 따르지는 않는다.	
6	다른 사람들과 의견이 일치하지 않을 때는 가능한 한 대화를 빨리 끝내려고 애쓴다.	
7	사람들이 나에게 고정된 생활을 벗어나서 살도록 강요하면 불쾌해진다.	
8	나는 요청 받은 일을 한다. 그러나 그 일을 최선을 다해서 하지는 않는다.	
9	당사자가 없는 곳에서 그와의 갈등 문제에 대해 다른 사람에게 이야기할 수는 있지만 그 사람과 직접 이야기할 기회는 갖지 않는다.	
10	나는 이미 약속을 해버린 후에 재협상을 하거나 그 약속으로부터 벗어날 방법을 생각하는 경우가 많다.	

분노치료(도처출판 다세움, 2009.6) 인용

억압형

번호	내 용	O/X
1	나는 말다툼을 싫어하며 논쟁이나 토론을 피하기 위해서 그 자리를 떠나는 경우가 많다.	
2	나는 실제로는 좌절감과 괴로움이 쌓여 가고 있음에도 불구하고 겉으로 웃는 경우가 지나칠 정도로 많다.	
3	때때로 나는 다른 사람들이 일을 부탁할 때 그 일이 나를 얼마나 힘들게 만드는지에 대해서 설명하지 않고 그냥 해 준다.	
4	문제를 일으키지 않는 최선의 방법은 문제를 일으킬 만한 사람을 피하는 것이라고 생각한다.	
5	혼자 있을 때에는 강력한 어투의 말을 연습해 보지만 막상 상대방을 대면하여 말할 때는 부드럽게 말한다.	
6	다른 사람들은 내가 삶에서 얼마나 큰 좌절감을 느끼고 있는지를 거의 알지 못한다.	
7	나는 종종 나의 참 모습에 대해서 정말로 알고 있거나 관심을 가지고 있는 사람은 아무도 없다는 생각을 해왔다.	
8	다른 사람들이 나에게 솔직한 생각을 말해달라고 부탁하는 경우에도 나는 여전히 안전한 대답을 해준다.	
9	나는 나의 생각이나 감정을 다른 사람에게 말한다는 것이 별 도움이 안 된다고 생각한다.	
10	나는 마음의 상처나 고통이 실제로 얼마나 큰지에 대해서 다른 사람들에게 공개적으로 이야기하지는 않는다.	

분노치료(도처출판 다세움, 2009.6) 인용

※ 적극적 공격형. 수동 공격형. 억압형 세 가지 중에 O수가가장 많은 것이 자신의 분노표출 유형이라고 생각하면 된다. 같은 수일 경우에는 두 가지 다 자신의 유형이라고 보면 된다.

분노표현의 유형 이해

억압형 : 억압형의 사람들은 일단 갈등상황을 가라앉히고 무마하려고 시도한다. 이들은 갈등, 극단, 과도함을 피하고 중간노선을 유지하면서 웬만해서는 다른 대상에 대하여 공격성을 보이지 않는다. 또한 이들 유형은 자신의 생각이나 불편한 감정을 드러내는 자체가 다른 사람을 불편하게 만들 것이라고 생각한다.

이들 유형의 에너지는 자신과 관련된 사람을 보호하고, 어둡고 불편한 분위기를 원하지 않으며, 화목하게 하는 데에 집중되어있다. 착한 사람이 되어야 한다는 생각과 그런 자신의 모습을 지키려는 노력이 점점 예민한 상태로 몰고 갈 수 있다. 이렇게 되면 정작 자신의 감정을 보는 민감성이 떨어지고 자신의 감정에 대하여 둔감해지는 경향을 보이기도 한다.

억압형 분노 유형의 특징으로는 자신의 삶을 발전시키려는 노력이 부족하며, 어떤 일에 대한 결정을 내리는데 어려움을 느끼거나 어떤 상황에서 자신의 의견을 피력하지 않고, 상대방의 의견을 따르거나 추종하는 경향까지 나타난다. 이들은 쾌활한 듯하며 상당히 사교적인 모습을 보이기 때문에 대체적으로 잘못 오해하는 경우가 발생하기도 한다. 이런 현상이 나타나는 이유는 갈등하는 자체를 싫어하고, 두려워하기까지 해서 자기감정을 이야기하지 않고 맞춰주려는 의도에서 나오는 것이며, 내면의 성격과 다르게 보이는 것이다.

개선방법

자신의 억압을 인정하고, 수용하며 내면에서 우러나오는 자신의 분노하는 감정을 표출시켜본다. 그 다음에는 자신이 느끼고 있는 감정과 소망에 대해 이야기 하는 법을 배우며, 새로운 안건, 생각 등을 표현하는 것과 열정을 보이도록 노력한다. 다른 사람과 이야기 할 때 "그건 멋진 생각이네요. 정말 공감이 가네요. 그러나 내가 결정한 것은 …입니다." 라고 자기주장에 대한 확신 있는 말을 한다.(심수명, 2009)

수동 공격형 : 수동 공격형은 분노를 소극적이고 교묘하게 표현하는 것이다. 이것은 상처받는 것을 최소화하려는 욕구에 의해 발생한다. 노골적인 분노에 대해 부정적인 이미지를 갖고 있기 때문에 소극적 공격으로 자신의 가치 욕구, 신념을 보존하려 한다. 이들은 말없이 사람들을 조종하는 방법으로 분노를 표현하는 습관을 가진 사람들이다.

수동 공격형은 권위를 가지고 있는 대상에 대하여 알게 모르게 은근히 도전하기도 하며, 근무를 게을리 하면서 상사를 은근히 괴롭히기도 한다.

수동 공격형은 부부 싸움을 했을 때에도 상대방에게 말을 하지 않고, 토라진 모습을 보인다든지 고집을 피우기도 하며, 상대 배우자의 마음을 적당히 힘들게 하면서 괴롭힘으로써 분노를 자극한다.

이들 수동적 공격형의 강점으로는 다른 사람의 필요와 어려움에 대한 동정심과 배려하려는 경향이 있다. 필요한 때에 도움을 주고, 성실함과 신중함, 깊이 생각하는 마음, 인정이 많다.

수동 공격형의 문제점은 침울하고, 우울과 불안이 있을 수 있다. 마음으로만 생각하고 자신에게 필요한 것이 있어도 잘 표현하지 않고 알아서 해주기를 바라기도 한다. 이들 유형은 어떤 경우에 가족과 친구들의 황당한 요구를 떠맡기도 한다.

개선방법

다른 누군가가 상식적이지 못하고 힘든 요구나 부탁을 해오면 거절하는 것을 익혀야 한다. 상대방을 기쁘게 해주기 위해서 원하지 않는 것을 행하지 말고, 자신이 원하는 생활을 할 수 있도록 주도성을 키워나가야 한다.

그리고 수동 공격형은 자기가 바라는 대로 다른 사람이 기대에 미치지 못하는 행동을 하게 되면, 적당한 기회를 보고 수동적으로 공격을 하는 경향이 있는데, 이때 자기가 수동적으로 상대방을 공격하고 있다는 것을 알아차리고 멈춘 후에 솔직하게 자기가 필요한 것이 무엇인지를 직접 표현하도록 한다.(심수명, 2008)

적극적 공격형 : 적극적 공격형인 이 유형은 자신의 분노 감정을 느끼게 되면, 상대가 누구이든 간에 일단 격하게 감정을 표출하는 모습을 보인다. 그들은 격한 분노 감정을 느끼는 순간 여과 없이 자신의 분노를 쏟아내는 것이다. 화를 내는 것은 물

론이고 비난을 하거나 협박 등을 하기도 한다. 또한 빈정거리고 무시하며, 자신이 항상 옳다는 신념이 있어서 타인의 생각을 들으려고 하지도 않고, 자신의 의견을 무시했다고 여기기도 한다. 이러다 보면 의견대립이 생기고 심한 말다툼을 하게 된다.

적극적 공격형의 특징으로는 남의 잘못을 지적하는 것을 어려워하지 않으며, 주저하지도 않는다. 사소한 일에도 언성이 높아 누군가와 늘 싸우는 것처럼 비춰진다. 또한 그들은 자기중심적인 성격이다 보니 때로는 이기적인 모습을 보이기도 한다.

적극적 공격형의 강점이라고 한다면, 정력적인 에너지가 짧은 시간에 일을 해내게 하고, 많은 일을 할 수 있게 한다는 것이다. 그들은 독립적이며, 강한 이미지를 통해 시원시원한 성향을 보이기도 한다.

개선방법

타인의 이야기에 귀 기울이는 경청하는 방법을 배우는 것이 좋다. 다른 대상도 자신과 비슷한 사람이며, 자신이 소중한 것처럼 다른 사람도 소중한 사람이라는 것을 생각할 수 있도록 노력한다. 자기 자신이 생각하는 것과 다르다고 해서 무조건적으로 잘못됐다고 말하기 보다는 상대방의 생각도 잘못되지 않은 생각과 의견일 수 있다는 객관적인 입장과 수용적인 자세가 필요하다.

이처럼 위에서 거론하였듯이 본 장에서 분노에 관련된 문제부터 해결 방법까지 다뤘다. 그리고 앞의 장에서 인지적인 입장에서 인성 문제에 대한 치료 기법의 중요성과 해결 방법을 이해하고 습득하게 되었다. 마찬가지로 본 장에서 말하고자 하는 분노에 대한 문제를 잘 다스리고 분노의 문제를 해결할 수만 있다면, 자녀에 대한 인성의 문제를 원만히 해결하고 건강한 자아상을 만들어 갈 수 있을 것이다.

분노에 대한 문제 해결 방법

분노를 인식한다

많은 사람들이 자신의 분노감정을 오랫동안 억압하고 살아왔기 때문에 실제 분노하고 있는 상황에서 혼란스럽고, 어떻게 정리해야 하는지 몰라 난감해 하고 혼란한 감정을 느낀다. 이렇게 되면 자기 분노의 감정만 느끼게 될 뿐 정작 자신의 감정에 대하여 어떤 문제가 있어서 그런 것인지 그 원인을 제대로 인식하지 못한다.

자기 감정을 자유롭게 표현한다

자신의 감정이 지금 분노하고 있고, 이로 인해서 슬픔을 느끼고 있다는 것을 털어놓는 것이다. 이렇게 자기 독백으로 거울을 보면서 속에 있는 감정을 털어놓거나 다른 대상에게 속 시원하게 말하는 것도 치료의 한 방법이다.

또 다른 방법 중에 하나는 자신의 감정이 어떤 상황에서 분노하고 있었는지, 자기 자신이 왜 분노하고 있는지 자기 심정을 만나서 글로 써보는 것도 좋은 방법이다.

분노의 원인 찾아낸다

분노의 원인이 무엇인지 깊이 생각하고 분석해본다. 왜곡된 지각으로 인해서 대상에 대한 오해나 피해 의식에서 오는 분노, 서로의 시각 차이에서 오는 분노, 정보 부재에서 오는 분노 일수 있다. 그러므로 그 촉발 요인을 면밀히 따져보아야 한다.

분노가 왜 치밀어 오르고, 다른 상대방에게 불쾌한 감정을 표출하는지, 지금 자신의 얼굴색이 변하고 화가 나는가를 잘 살펴본다. 그래서 그 이유가 분노라면, 그 분노하는 문제에 대한 정확한 원인을 파악하고, 즉 분노하게 만든 비합리적 사고를 찾아내어 문제 원인을 해결하기 위해서 다른 사람에게 물어본다. 상대방에게 자신과 같은 경우에 화가 나는가를 묻고, 객관적인 비교와 생각을 통해 자기와 다른 상대방이 다르게 생각한다는 것을 이해하고 수용하여 비합리적 사고를 수정한다.

상대방을 용서한다.

상대방을 이해하고 용서하기 위해서는 그 대상이 내게 잘못한 것을 분명히 인지하고 분노해야 한다. 실재로 그 앞에서 감정 표현을 하라는 것이 아니다. 자기 자신과의 대화에서 인지한 분노에 대하여 독백을 하던지, 거울을 보고 분노하라는 것이다. 이렇게 되면 마음의 분노가 정화되고, 한결 가벼워 질 것이다. 그리고 왜 상대방이 나를 화나게 했는지 생각하면서 상대방의 입장에서 생각하고, 그가 그렇게 표현할 수밖에 없었다는 것을 인정하고 수용한다.

다시 말해서 상대방의 입장에서 생각함은 물론이고, 자기 자신이 경험한 것이 맞을 수 있다고 생각한 나머지 자신의 주관적 해석에 의존하여 분노하는 것일 수 있다. 그렇기 때문에 철저히 객관적으로 상황을 보고 분노로부터 자유로울 수 있도록 노력해야 한다.

▌참고문헌 ▌

- 강문희 외2 공저, 아동 심리검사(교문사, 2012. 8)
- 권석만 저, 현대 이상심리학(학지사, 2014.8)
- 김계현 외 3명 공저, 상담과 심리검사 (학지사, 2013. 8)
- 김계현 저, 상담심리학(학지사, 2006.3)
- 김계현 저, 카운슬링의 실제(학지사, 2004.9)
- 김미랑 편저, 잠자는 아이의 두뇌를 깨워라(한울림, 2010.7)
- 김봉년 저, 아이의 친구관계 공감력이 답이다 (조선매거진(주) 2013.12)
- 김은실. 손현동 공저, 자존감 향상 프로그램 원리와 실제 (학지사2015. 1)
- 김영훈 저, 아이의 공부두뇌(베가북스, 2012.10)
- 김영훈 저, 두뇌성격이 아이의 인생을 결정한다(이다미디어, 2013.11)
- 김청자, 정진선 공저, 상담의 이론과 실제(동문사 2009.1)
- 박현순 저, 공황장애(학지사, 2012.6)
- 송명자 저, 발달심리학(학지사, 2009.1)
- 심수명 저, 인격치료(학지사 2008, 8)
- 심수명. 유근준 저, 상담의 과정과 기술(도서출판 다세움 2012.8)
- 심수명 저, 의사소통 훈련(도서출판 다세움 2009.4)
- 심수명 저, 감수성 훈련 워크북(도서출판 다세움 2009.5)
- 심수명 저, 분노치료 (도서출판 다세움, 2009.6)
- 심수명 저, 정신역동상담(도서출판 다세움, 2010.10)
- 심수명 저, 거절감 치료(도서출판 다세움, 2009.8)
- 심수명. 유근준 저, 위대한 자녀를 만드는 어머니 학교(도서출판 다세움, 2009.9)
- 심수명 저, 위대한 부모 위대한 자녀(도서출판 다세움, 2012.8)
- 아델 페이버 외1. 저, 하루 10분 자존감을 높이는 기적의 대화(푸른육아, 2015. 3)
- 알프레드 아들러 저, 윤성규 역, 나를 결정하는 고유한 패턴성격 심리학(도서출판 지식여행, 2012.4)행복한 부모되기 (아들러 코리아 펴냄)
- 오수성 외 9명 공저, 정신병리학(학지사, 2013.1)
- 이영숙 저, 행복을 만드는 성품(사단법인 두란노 서원, 2010.7)

- 이용석 편저, 임상심리사2급((주)시대고시기획, 2014.3)
- 이장호 저, 상담심리학((주)전영사, 2007.2)
- 이장호. 정남운. 조성호 공저, 상담심리학의 기초(학지사 2006.4)
- 여한구 외 5명, 상담심리사((주)시대고시기획, 2014.3)
- 이용승 저, 과도한 걱정과 불길한 기대 범불안장애(학지사, 2013.1)
- 정우진 저, 어린이를 위한 친구관계의 기술((주)위즈덤하우스, 2015.1)
- 정종진 저, BGT 심리진단법(학지사, 2013. 4)
- 조현춘.조현재 공역, 심리상담과 치료의 이론과 실제(시그마프레스, 2006.4)
- 정윤경.김윤정 공저, 아이를 크게 키우는 말 VS 아프게 하는 말(담소, 2012.10)
- 최영민 저, 대상관계이론을 중심으로 쉽게 쓴 정신분석이론(학지사, 2010.7)
- 최정윤 저, 심리검사의 이해 ((주)시그마프레스, 2013.9)
- 최정윤 외 2명 공저, 이상심리학(학지사, 2010.4)
- 최정금 저, 집중력을 높이는 유아놀이(경향미디어, 2009.5)
- 최유경 저, 아이의 자존감을 높이는 7단계 대화법 (도서출판 프리뷰, 2015.4)
- 현성용 외 17명, 현대심리학의 이해(학지사, 2015.3)
- David j. Wallin, 애착과 심리치료(학지사, 2013.8)
- John Bowlby, 김창대 역, 애착-인간애착행동에 대한 과학적 탐구(나남, 2011.8)
- Susan Goldberg, 주은지 역, 애착과 발달 통합적 접근(학지사, 2014.4)
- Nancy McWilliams, 권석만. 김윤희. 한수정. 김향숙. 김지영 공역, 정신분석적 사례이해(학지사, 2015.1)
- Carl Rogers, 한승호. 한성열 공역, 칼 로저스의 카운슬링의 이론과 실제(학지사, 2006.12)
- J. H. Wright, M. R. Basco, M. E. Thase 공저, 김정민 역, 인지행동치료(학지사 2013.1)
- 오쿠다 켄지 저, 정연숙 역, 칭찬과 꾸중의 심리학((주)도서출판 센추리원, 2014.3)

- 제인넬슨. 린 로트. 스테판 그렌 공저, 박예진 역, 긍정 훈육법(학지사, 2016.1)
- 한국학교폭력상담협회 & 한국전문상담학회 편, 중독의 이해와 치료 (양서원, 2015.5)
- 마크 길슨. 아서 프리먼 저, 최병휘. 이종선 역, 우울증의 인지치료((주)시그마프레스, 2009.1)
- 가게야마 히데오 저, 신현호 역, 공부습관 10살 전에 끝내라((주)도서 출판 길벗, 2004.4)
- 엘리사 메더스 저, 김은경 역, 자신감 있는 아이는 엄마의 대화습관이 만든다(팜파스, 2012.4)
- 윤부선, 분노의 이론 분석과 성경적 상담 (총신대 상담대학원 석사학위 논문, 2011)

울퉁불퉁 상처받고 구멍 난 우리아이 인성 길라잡이

명품엄마 명품자녀

펴낸날	초판인쇄	2017년7월09일
	초판발행	2017년7월13일
지은이	신권일	
펴낸이	김성룡	
펴낸곳	에듀지에스피	
편집	조명희	
표지디자인	안젤라	

주소	서울특별시 가산디지털 1로84 (가산동,에이스하이앤드타워8차)
대표전화	1566-4267 팩스 02) 6123-5640
출판등록	제2017-000015호
홈페이지	www.ilgsp.co.kr / www.igsp.co.kr
이메일	judylaw@naver.com

ISBN	979-11-960651-1-9
정가	₩13,900